하루에 하나씩 읽는 니체의 잠언들

사랑하라
너의 운명을

하루에 하나씩 읽는 니체의 잠언들

너의 운명을 사랑하라

초판 1쇄 인쇄 | 2017년 10월 13일
초판 1쇄 발행 | 2017년 10월 20일

지은이 | 석산
펴낸이 | 박영욱
펴낸곳 | 깊은나무

편 집 | 허현자 · 김상진
마케팅 | 최석진
디자인 | 서정희 · 민영선

주 소 | 서울시 마포구 월드컵로 14길 62
이메일 | bookrose@naver.com
네이버포스트 | m.post.naver.com
전 화 | 편집문의: 02-325-9172 영업문의: 02-322-6709
팩 스 | 02-3143-3964

출판신고번호 | 제313-2007-000197호

ISBN 978-89-98822-41-5 (03160)

이 도서의 국립중앙도서관 출판예정도서목록(CIP)은 서지정보유통지원시스템 홈페이지(http://seoji.nl.go.kr)와 국가자료공동목록시스템 (http://www.nl.go.kr/kolisnet)에서 이용하실 수 있습니다.
(CIP제어번호 : CIP2017024453)

Amor Fati

네게 주어진 삶을 누려라

사랑하라 너의 운명을

하루에 하나씩 읽는 니체의 잠언들

석산 지음

깊은나무

이 시대 왜 '니체'를 읽어야 하는가?

세계가 변했다. 아니 우리의 세계관이 변했다. 모든 도덕, 종교, 가치관 등의 '형이상학적 우산'이 벗겨졌으며 점차 우리는 '가상(als-ob)'의 세계로 흡수되고 있다. 가히 니힐리즘의 이 시대! 우리는 어떻게 살아야 할까? 19세기 말 철학자 니체는 역발상이 필요한 21세기를 미리 내다본 선각자였다.

'그대여, 적을 가져라. 경멸스러운 자가 아닌 자랑스러운 적을. 적의 성공이 그대의 성공이 되리니. 단 적을 따라가지는 마라.'

이처럼 니체의 전체 저작은 '아포리즘(aphorism, 짧은 격언)'으로 구성되어 있으며 우리에게 전해 내려온 진리와 가치관이 정치적 목적에 의해 타락했음을 폭로하는 내용이 담겨 있다. 곧 니체는 우리에게 '사변의 자유'라는 일관된 관점으로 성실한 활력(活力)을 지니고 끊임없이 새롭게 출발을 하라고 당부한다.

"'삶을 긍정'하고 '운명을 사랑'하라"는 니체의 아포리즘은 첨단 문명의 아이콘이 되었다. 현대 경제학의 아버지인 요셉 슘페터도 니체의 영향을 받아 '창조적 파괴론(Creative destruction)'을 내놓았다. 아놀드 토인비, 알버트 슈바이처 등은 물론 버락 오바마, 에릭 슈미츠, 스티브 잡스와 같은 현대 경영자들도 니체의 저작을 즐겨 읽었다.

또한 빌 게이츠와 스티브 발머의 후계자로 마이크로 소프트를 이끄는 '사티야 나델라'는 수시로 니체를 언급하며 '니체식 혁신적 용기'의 경영을 하고 있다. 또 이사도라 덩컨은 니체의 작품은 자신에게 성경과 같다고도 했다.

자기보존과 삶을 향한 활력을 증진시키는 지혜가 가득한 니체의 글을 읽다 보면 등뼈가 전율하는 해방감을 느낀다.

필자가 이 책을 쓰며 느낀 '날마다 새로워지니 이 어찌 기쁘지 아니한가(일일신 우일신 불역열호〔日日新 又日新 不亦樂乎〕)'의 감격을 독자들도 갖게 되리라 확신한다.

2017년 10월

석산

| 차례 |

제1장 삶을 축제로 만드는 기술

제2장

인생의 진짜 기쁨이 있는 곳

제3장

쾌락과 고통은 마주보고 있다

제4장

그대의 운명을 사랑하라

“그대는 인간이니 인간의 길을 가라. 굳이 성자(聖者)가 되어 인간의 본성에 어긋난 길로 가지 마라. 신은 하나의 가정(假定)이니 그대의 가정이 항상 사유 가능한 범위 내에 머물게 하라.”

제1장

삶을 축제로 만드는 기술

001
삶을 사랑하는 이유

우리가 삶을 사랑하는 이유는 삶에 익숙해서가 아닌 사랑에 익숙해서이다. 또 사랑하면서도 고독한 것은 자신의 모든 것을 사랑에 걸어서이다.

그대여, 사랑이 깊을수록 고독도 깊어만 가나니 고독이 싫거든 깊이 사랑하지 마라. 어찌 사랑에 도취(陶醉)가 없을 수 있을까? 도취가 없는 사랑은 거래에 불과하다. 깊은 도취에 빠진 강한 사랑일수록 순간적 맹세는 하나의 명작이 되어 영원한 색깔로 남는다. 그대에게 도취한 사랑이 있는가? 그 사랑의 대상은 누구인가, 또는 무엇인가? 사랑의 대상이 있다면 그 대상이 그대에게 만큼은 최고의 예술작품이다.

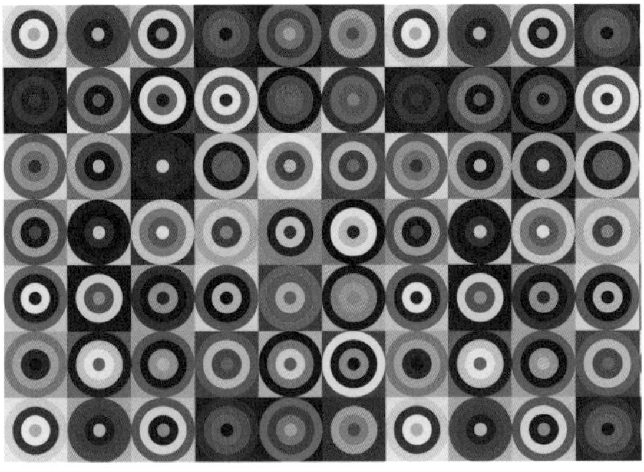

002

진정한 강자

증오는 약한 데서 나온다. 왜 미워하는가? 내가 약해서이다. 사랑은 강한 데서 나온다. 왜 사랑하는가? 내가 강해서이다. 누가 진정한 강자인가? 이해하고 사랑하는 자가 강자이다. 누가 틀림없는 약자인가? 증오하고 미워해야만 겨우 자신을 지탱하는 자가 약자이다. 강한 데서 정열이 나오고, 약한 데서 배척이 나온다. 강하게 사는 사람이야말로 '강한 사랑' 을 한다.

003

자신부터 존중하라

존재가 업적에 앞선다. 존재가 업적을 세우는 것이지 업적이 존재를 생성하지 못한다. 또 업적은 시대와 입장에 따라서 불필요한 것이 될 수 있다. 자기 존재를 긍정하지 못한 사람의 성취는 그 성취의 크기만큼 자아를 파괴한다. 가령 모래 위에 집을 짓는다고 하자. 가벼운 집보다는 무겁고 규모가 큰 집일수록 작은 바람에도 심하게 무너진다.

먼저 모래를 파고 기초를 다진다는 것은 자신을 충분히 존중한다는 것이다. 자신을 존경하는 자는 타인은 물론 자기 자신을 비난할 일조차 하지 않는다. 그러므로 그대여! 성취라는 집을 짓기 전, 아직 아무 실적이 없어도 자신만은 존중하라.

004
나는 육체이며 영혼이다

그대는 영혼이면서 육체가 아니라 육체이면서 영혼인 존재다. 인간의 육체는 이미 육체만으로도 충분한 하나의 위대한 이성(理性)이다. 반면 영혼은 육체에 깃들인 '어떤 것'을 지칭하는 일개 단어에 불과하다. 그에 비해 육체는 하나의 의미로 다양성을 지녔다. 즉 그대의 정신이나 작은 이성도 육체의 도구이자 장난감에 불과하다. 그대가 자랑하는 '나(我)'를 육체는 아무 말도 하지 않지만, 그대로 실행하고 있다.

005

내 운명은 나의 것이다

나의 운명은 무엇일까? 아니 무엇이어야 할까? '나의 창조 의지', 그것만이 내 운명이다. 나의 의지는 오직 그것만을 원하고 있다. 의지란 바로 의욕(意欲)을 뜻하는데 내 안에 갇혀 괴로워하는 온갖 감정의 해방자로 의욕이 다가온다. 만약 그대가 의욕을 잃어버린다면 더 이상 인생에 아무것도 일어나지 않는다. 창조도 평가도 사라지고 대신 엄청난 권태(倦怠)만이 자리 잡는다.

의욕 하라! 또 의지하라! 운명은 그대의 것이다. 그럴 때 비로소 해방자인 의욕으로부터 진정한 자유와 위안이 무엇인지를 알게 되리라.

006

자신의 평판을 신경 쓰지 마라

다른 사람은 나를 어떻게 생각할까? 이왕이면 누구나 자신은 훌륭하고 중요한 사람으로 좋게 평가받기를 원한다. 그러나 이런 기대가 지나치면 정처 없이 물결에 밀려다니는 부평초(浮萍草)처럼 항상 타인의 평가에 귀를 세운 후에야 울고 웃는다. 물론 여기에 자기의 웃음과 울음은 없다.

사람의 평가란 수시로 변하기 마련이다. 똑같은 일도 처음에는 좋게 보았다가 경우에 따라서 나쁘게 보기도 한다. 타인이 어떻게 생각하고 판단하는지 지나치게 신경 쓰는 사람은 스스로 자신을 다스리지 못한다. 즉 내가 나를 지배하지 못하면 다른 사람의 지배를 받게 된다.

007
'춤추는 신'만을 믿어라

자라투스트라(Zarathustra)의 말은 한결같다.

"그대는 인간이니 인간의 길을 가라. 굳이 성자(聖者)가 되어 인간의 본성에 어긋난 길로 가지 마라. 신은 하나의 가정(假定)이니 그대의 가정이 항상 사유 가능한 범위 내에 머물게 하라."

세상도 그대들의 심상(心象) 안에서 재창조되어야 한다. 만일 가정뿐인 신의 존재를 실제로 받아들인다면 그대는 열등한 존재가 되어 영원한 노예로 전락하고 만다.

그래서 자라투스트라는 울면서 노래 불렀다.

"만약에 말이야, 가정으로라도 그대가 굳이 신을 믿고자 한다면 '춤출 줄 아는 신'을 믿어라."

008
사랑이라는 이유로

세월이 흐른 후 조용히 인생을 뒤돌아보면 '그래 이것이 사랑이야~'라고 심취했던 때보다는 오히려 숱한 번민(煩悶)에 시달리던 시절에 더 깊은 사랑에 빠져 있었음을 깨닫는 경우가 있다. 영원을 다짐했던 뜨거운 사랑의 맹세는 한

날 차가운 재가 되어버리고, '너 아니면 안 된다'는 말은 '너이니까 안 된다'는 말로 치환되면서 '두 번 다시 사랑은 그만'이라고 움츠러든다.

그러다가 또 다시 새로운 사랑이 다가오면 어느새 '너이니까 된다'라고 읊조리고 있는 자신을 발견하고 만다. 그렇기에 우리는 모두 다리(bridge)이다. 예측 불허의 종말을 경험하고서도 또 다른 사랑이 오가는 길의 중간에 놓여진 다리…….

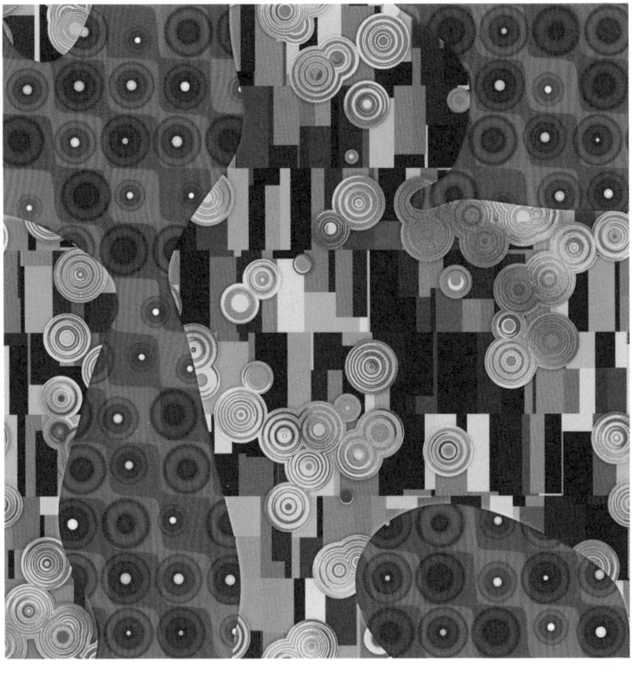

009

권력을 추구하는 인간의 속성

삶은 힘, 곧 ‘권력을 향한 의지(will to power)다. 또한 권력은 움직이고자 하는 힘을 뜻한다. 이 힘의 유무에 따라서 생물과 사물이 나뉜다. 이미 펄떡이는 생동감이 넘치는 삶속에서 우리의 의지는 단순한 생존이 아닌 그 이상을 원한다.

생명이 있는 속(屬)마다 힘을 향한 의지가 발견된다. 즉 권력의지는 생명의 근원적 표현인 것이다. 이 권력의지는 ‘타인을 지배하고 싶은 욕구’와 ‘지배당하지 않기 위해 지배하려는 욕구 두 가지가 있다. 굳이 두 가지 권력욕을 악(惡)이라고 표현해야 한다면 그나마 지배당하지 않기 위한 지배욕이 덜 악하다.

010
거짓된 진실을 맹신하지 마라

바람이 통하지 않는 눅눅한 곳은 곰팡이가 피기 마련이다. 인간사회에서도 이와 비슷한 일이 그대로 일어난다. 비판이 통하지 않는 조직은 부정과 비리가 일어나고, '비판의 바람'을 차단한 교실은 '무뇌아'를 양산한다. 비판은 사람을 건전하게 유지해주는 시원한 바람이다. 바람 한번 안부는 뜨거운 오후는 생각하는 것조차 버겁다. 추상적 담론과 야합한 권력은 절대적 진리가 되버리고, 또 우상이 되어 '비판의 바람'을 잠재우며 맹신(盲信)을 양산한다. 곧 거짓보다 훨씬 위험한 진실의 적은 바로 맹신이다.

011
독창적 사고를 하려면

인간이 독창적 사고에 실패하는 이유는 과거에 대한 기억속에 머물러있기 때문이다. 독창적인 사고를 하기 위해서 우선 필요한 것은 '시대적 안목'이다. 시대적 안목을 지닌 사람은 분명 동시대인들도 감지는 하고 있지만 정확히 설명하지 못하고, 실현화하지 못하는 '무엇'을 '시각 · 청각 · 촉각'으로 구체화시킬 수 있다. 즉 과거의 기억은 이용해야지 얽매여서는 안 된다.

신세계(新世界)의 '무엇'을 잉태하려면 미처 이름조차 얻지 못한 미지의 것에 새로운 이름을 붙여야 한다. 망각(忘却)하는 자에게 복이 있나니 자기 실수조차 잊고서 이길 수 있어서이다.

012
우리를 움직이는 것은

인간에게 가장 부족한 점은 '의식적 사고'이다. 그저 잘 못 느낄 뿐이지 인간은 대부분 무의식의 지배를 받는다. 지능 지수, 감성 지수, 사회성 지수 등 인간의 다양한 지능 영역이 발견되었지만, 그보다 더 인간의 지성적 사고를 규정하는 것은 바로 인간의 내면에 잠재된 욕망이다. 인간의 내면에는 배출구가 없는 본능이 잠재되어 있는데 도덕의 계보(系譜,

양심, 사회적 여론, 관심 등)를 위해 편의상 이를 '영혼'이라 불러 왔다.

영혼의 최대 장점은 '격정'과 '지속적 의지'의 힘이다. 이 두 가지 힘이 도태와 진화의 필수 불가결한 항목이다. 격정이 없으면 인간은 무체(無體)동물과 다를 바 없게 되고, 지속적 의지가 없으면 불나방과 다를 바 없게 된다. 고상한 영혼이란 격정과 지속적 의지의 아름다운 결합에 불과하다.

013
사랑과 행복의 일치

그대여, 왜 연인(戀人)을 찾는가? 자기 자신을 직면하기 싫어서, 자신에게서 도망치기 위해서……. 만일 그렇다면 그대가 추구하는 사랑은 행복과 항상 반비례하게 된다. 사랑이 추구하는 것과 행복이 추구하는 것이 전혀 다를 때, 그처럼 자기 회피를 위해 맺어진 관계란 머지않아 단절되기 마련이다.

곧 사랑의 대상이 상대를 향한 것이 아닌 자신의 내밀(內密)한 욕망만을 향해 있기 때문이다. 진정한 사랑과 행복의 일치를 원한다면 서로의 본 모습을 서로에게 맞게 변화시켜야 한다.

014
참으로 경건한 사람들

많은 사람들은 자신의 불완전한 존재를 달래기 위해 신(神)을 갈구한다. 하지만 신을 찾아 교회와 절 등에 가는 사람들보다 새로운 것을 '창조' 하는 사람들이 훨씬 더 경건하다. 오히려 기도와 단식으로 자신의 정신과 육체를 학대하면서 은거한 삶을 사는 사람들이야 말로 퇴행적, 퇴폐적이다.

종교인들이여! 그대들은 무엇을 바라는가. 우리는 천국이나 극락을, 또는 신의 자비나 은총 따위를 기대하지 않는다. 종교인은 삶 이외 또 다른 대가를 바라지만, 참으로 경건한 사람은 '삶의 행위' 자체가 보답이 되는 일상만을 원한다.

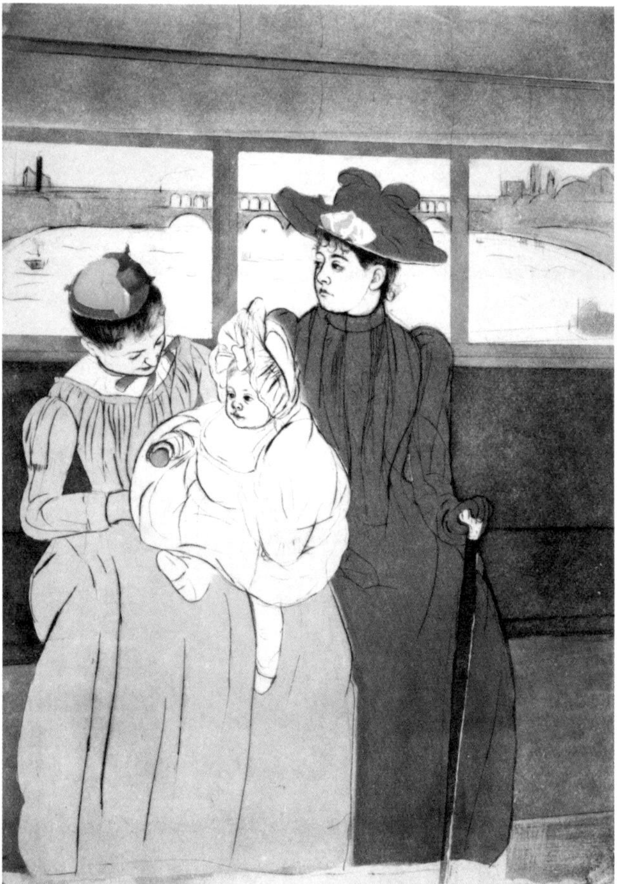

015
독백 같은 대화

대화자 중 한 사람이라도 설교자처럼 말한다면 대화의 내용은 항상 겉돌게 된다. 이런 상황에서는 대화의 참된 소통은 사라지고, 오직 자신을 말로써 포장하기 위한 말들만 다람쥐 쳇바퀴 돌듯 반복된다. 독백 같은 대화는 나누면 나눌수록 공허하기만 할 따름이다. 넋두리 같은 대화가 지속하는 한 어떤 관계도 피상적(皮相的)이다. 마치 시골 툇마루에 앉아 서로 두려울 것도 없이, 세상 무엇 하나 부러울 것도 없이 나누는 이야기 같은 그런 대화야말로 인간이 누릴 수 있는 최고의 카타르시스(catharsis)이다.

016
자신의 주인으로 산다는 것

나는 율법이다. 모든 사람, 모든 사물에 대해서가 아닌 오직 '나 자신'에 대해서만…….

천진난만한 아이처럼 즐겁게 살려면 자신의 몸을 지탱하는 뼈는 강하고, 발은 가벼워야 한다. 곧 우리는 축제만 즐기는 것이 아니라 전쟁도 즐길 수 있어야 한다. 축제를 준비하는 것

외에 닥칠 수 있는 어려운 상황도 미리 대비해야 하는 것이다.

자신이 만든 율법의 수호자가 되려면 자기 안의 온갖 욕망을 세심히 자제하라. 즉 자기 행동의 주인이 되어야지 헛된 생각을 하는 몽상가가 되어선 안 된다. 음울해서도 안 되고 늘 굳세고 원기가 왕성해야만 가장 '좋은 것'이 나를 향해 오게 된다.

017
해석의 자유, 의미의 심연

세상의 모든 일은 '각자 해석'이라는 프리즘(prism)을 통과해 고착(固着)한다. 일 자체에 애당초 '좋다, 나쁘다, 아름답다, 추하다' 등의 라벨이 표시된 것은 아니다. 즉 어떤 일이건 그것을 해석하는 것은 각자의 몫이며 그 해석에 따른 가치가 우리의 시선을 사로잡게 된다. 보편적 진리에 사로잡힌 사람은 편협한 시각으로 세계를 볼 수밖에 없다. 편협한 시각으로 바라본 세계는 무수한 의미조차 단 하나로 되어 있다. 이처럼 단일화된 보편적 의미는 사람을 심하게 옥죄는 포승줄과 같다.

그대를 옥죄고 있는 보편적 진리의 부재를 확인하는 순간, 그대의 세계는 미궁(迷宮)처럼 무한하며 해석은 확장될 것이다. 아울러 자기 힘을 증대하고 풍요로운 시야가 활짝 열린다.

018
오랜 애정을 지키기

'열 길 물속은 알아도 한 길 사람의 속은 모른다'는 말처럼 애정의 지속 여부도 쉽게 알 길이 없다. 상대의 '민얼굴'을 들여다보고, 또 변경된 관점을 어떻게 사용하느냐에 따라 판단할 수 있는 것이다. 우리의 재능과 능력도 본디의 성품에 덧칠한 화장(化粧)으로 일종의 은폐이다. 연인 간의 사랑

은 물론 친구 간의 우정, 가족 간의 정 등 모든 관계 속에 내재된 애정의 가치는 서로의 민낯을 보고서도 함께 웃고 우는 데 있다.

그대여, 상대의 능력이 축소되거나 재능의 빛이 바래면서 민얼굴이 드러날 때 그대는 어찌하려는가? 그대의 대답이 애정의 변화 형태를 결정짓는다. 또 애정의 본성에도 적대 감정이 있음을 이해하라. 그래야만 상대의 민얼굴을 보고 혐오감이 들 때 당황하지 않고 '애정의 불길'로 용서할 수 있다.

019
그대의 이상형이 본질을 폭로한다

그대의 이상형은 누구인가? 그대에게 소중한 사람은 누구이며 생명처럼 아끼는 것은 무엇인가? 그대가 이상형에 푹 빠진 이유는 특장(特長)만을 응시한 채 다른 부분은 보지 못하고 있기 때문이다. 실상 그대가 푹 빠진 대상은 상대가 아닌 자기 안의 욕망이다. 만약 그대가 자신의 본질을 알고 싶다면 그대의 마음을 가득 채우고 기쁨을 주는 것이 무엇인지 살펴보라. 사람의 성품은 일반적인 경험보다는 자신이 겪은 특정 경험의 결핍으로 결정되는 경우가 많다.

020

대립의 개념을 버려라

행복의 대립은 고통인가, 아름다움의 대립은 추악함인가, '좋다'의 반대말은 '싫다'인가, '훌륭하다'의 대립은 '비열하다'인가…….

그대여, 정녕 그렇게 생각하는가? 특별한 누군가가 그렇게 정했는가? 아니다. 세상의 모든 개념어(概念語)는 상대적이다. 상대적인 개념을 절대적인 언어로 옮기지 마라.

'상대적'이 뜻하는 것은 대립이 아닌 각자가 느끼는 정도(程度)의 차이를 의미한다. 그러나 자칫 정도의 차이를 대립으로 번

역하면 조금만 개념어가 달라져도 사람들의 얼굴색이 변한다.

그대여, 언어의 형상에 예민해 하지 말라.

021
누가 헌신적인 성자인가

이 시대의 참된 성자는 누구인가? 예수, 마호메트, 붓다 등 종교의 창시자가 성자인가? 사막에서 고행하는 수도사가 성자인가? 에덴동산은 오래전 상실되었다. 에덴의 회복과 도래를 외쳤던 인류는 '종교적 복제품'을 만드는 것은 성공했지만, 그만큼 창조적인 인재(人材)를 잃게 되었다. 지존한 절대자로서 신(神)의 목소리는 이미 지나간 바람소리였고, 인류가 사막의 모래 폭풍 속에 마주쳤던 천사와 악마는 신기루였다.

그대여, 과연 누가 성자인가? 누가 헌신적인 삶을 살고 있는가? 성자는 '가설무대'에 설치된 신에게 헌신하는 자들이 아닌 자기 삶의 희열과 독특한 비전(理想)을 나누는 사람이 참된 성자이다.

022
민주주의의 허점

흡사 민주주의는 위선적인 '가장행렬(假裝行列)'과 같다. 물론 어떤 차별도 없이 만인이 동등한 권리를 누릴 수 있다는 것은 이상적이다. 하지만 인간은 생존이 가능한 만큼의 계층에 편입되어 있어도, 아니 '편입 되었다'는 착각만으로도 개혁과 변화 대신 안정을 택하는 경우가 많다.

고대 그리스 아테네의 민주주의를 보라. 결국 시민들은 민주적인 투표를 통해 소크라테스를 죽였고, 부패하고 무능한 관료들을 선출했다. 과연 이것과 왕정 시대 신본주의(神本主義)적 억압구조와의 차이가 무엇인가? 민주주의의 주역인 국민의 철학 · 법률적 상식이 확립되지 않는다면 오히려 민주주의라는 이름을 달고 일어난 퇴행현상으로 파시즘(fascism)적 폭력구조가 발생할 것이다.

023
날마다 새로워져라

개울은 흘러흘러 강이 되고, 또 흘러나가 바다가 되며 결국 하늘의 비가 되어 다시 개울로 돌아온다. 하지

만 한 번 흘러간 강물은 이전과는 다르다. 우리는 동일한 강물에 발을 두 번 담글 수 없는 것이다.

이처럼 탄생과 죽음이 인간사의 일상이라 해도 개개인의 나날은 늘 새롭다. 곧 알에서 깨어나야 새가 날 듯, 사람도 껍질을 벗어내야 새로운 생(生)을 행해 나아간다. 이 껍질은 타인의 비판을 겸허히 수용하는 것과 작은 일이라도 혼신의 힘을 기울여 새로운 방식으로 풀어갈 때 벗겨진다. 덧붙여 말하면 일상속의 소소한 일들은 한걸음 물러나서 봐야 큰일에 휘둘리지 않는다.

024
너 자신을 알라

인간은 나무와 같다. 드높고 선(善)해 보이는 환한 곳으로 올라가면 갈수록 그 뿌리는 아래로 더 깊이 내려간다. 그곳은 보이지 않는 악(惡)과 음습한 것으로 가득 차 있다.

그대여, 자기의 눈높이에 맞춰서 자신을 바라보아야 한다. 자칫 자신을 과대평가하면 허영에 들뜨기 쉽고, 반대로 과소평가하면 의기소침해진다. 그대의 오랜 친구들은 이미 알고 있는 자신의 장 · 단점을 정작 본인은 모르는 경우가 많다. 자신을 제대로 알고 싶은가? 먼저 내가 원하는 모습과 나의 습성에 어떤 차이가 있는지를 살펴보라. 그중 지녀야 할 것은 지키고 버려야 할 것을 버려라.

025
신뢰는 행동이다

'행함'이 없는 언어는 사기꾼의 어머니이다. 한번 한 약속은 일단은 지켜야 '신뢰의 싹'이 돋는다. 즉 약속에 관련되어 무슨 일이든 '하고 있다'는 사실이 중요하다.

그대여, 설령 할 일은 많지만 시간이 없을지라도 결코 불평하지 마라. 불평할 시간에 차라리 할 일을 하라. 반대로 시간은 많은 반면에 할 일이 없는 것처럼 힘든 것도 없다. 먼저 무슨 일이든 행하기를 시작하면 자신은 중요한 사람이라는 자부심이 생기고 더불어 세상을 보는 시각도 깊어진다. 오히려 일하기를 꺼리는 사람은 자기도취와 자기애(narcissism)에 빠지기 십상이다.

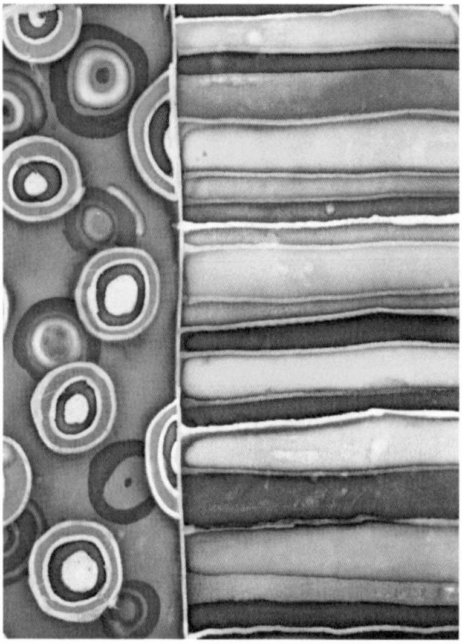

그대여, '나를 믿어 달라' 말하기 전에 먼저 진실하고 견고(堅固)한 행동을 해라.

026
동정, 연민, 돌봄

인간이 저지르는 '최후의 죄'는 '보다 높은 자'에 대한 '동정(同情)'이다. 그런데 '보다 높이 된 자'는 '보다 낡은 인간'이다. 비록 권력은 높은 자가 잡고 있으나 그의 지식은 남에게 빌린 것이다. 설령 돈과 종교로 권력을 치장한다고 해도 이미 그 권력은 시대착오적이다. 그럼에도 불구하고 높은 자에 동정을 품는 것은 스스로 '낡은 자신'을 극복할 수 있는 기회를 걷어차는 것이다

인간이 범하는 '최후의 오만'은 '연민(憐憫)'이다. 곧 연민을 주는 자는 우월하고 받는 자는 열등하다는 의미이다.

그대여, 이웃을 돌봐야 한다면 동정과 연민이 아닌 사랑에서 출발해야 한다. 그래야 자신은 물론 상대의 존엄을 지킬 수 있다.

027
바다와 지평선, 그리고 태양

그대여, 들어 보았는가. 환한 대낮에 한 광인이 호롱불을 들고 시장에 뛰어 들어가 연신 '신(神)은 어디 있는가? 어디 있단 말인가!' 라고 외치는 소리를……. 광인의 외

침에도 불구하고 모두가 그를 비웃자 또 다시 광인은 또 외쳤다.

"내가 말해주겠다. 우리가 그를 죽였다. 바로 당신들과 내가, 우리 모두는 '신의 살해자'이다. 과연 우리는 누구의 허락하에 바다를 마셔 마른 땅이 되게 했는가? 누가 지우개를 주어 모든 지평선을 사라지게 했는가? 지구가 태양에서 벗어날 때 우리는 무엇을 하고 있었는가?"

문명의 진보로 종교적 신화가 환상으로 판명되자 '골수신도들'이 마침내 광인이 되고 만 것이다.

028

정의가 말한다, 인간은 평등하지 않다

아테네 민주주의는 신분주의와 대중영합주의(populism)가 결합되어 있었다. 오늘날 보기에는 미흡하지만, 당시로는 무척 진일보한 체제였다. 현재의 민주주의는 아테네의 신분주의 대신 자본주의가 결합되어 있다. 유기체의 구성요소인 개인들이 각자 좋아하는 일을 할 수 있어야 진정한 민주

S·MICHAEL·IN·M

PARET

주의이다. 그러나 경제적 권력의 불평등이 정치적 권력의 불평등으로까지 전염되었다. 이것이 천민의 민주주의이다.

정의가 나에게 '인간은 평등하지 않다'고 말하고 있다. 그것 때문에 나는 시대의 평등을 설교하는 자들과 혼동되지 않기를 원한다. 자유 민주주의는 약자의 도덕이지만 모든 창조력의 원천이다.

029
지나치게 선(善)하지 말라

자연(自然)은 평등을 싫어한다. 그런 까닭에 생명체는 계속 종(種)의 분화를 하고 있다. 생태계의 먹이를 중심으로 연결된 먹이 사슬처럼 모든 생명들은 서로 관계를 맺고 살아간다. 생태계 속에서도 큰 물고기가 작은 물고기를 잡아먹듯 자연은 질투이며 이를 거부하는 사회는 몰락한다. 각 생명체는 진화를 거듭할수록 '생존'을 최우선으로 삼은 본능을 지니고 있다.

그대여, 지나치게 선(善)하지 말라. 아무리 노력해도 궁극적으로 가능하지가 않다. 그대는 선과 악(惡)을 동시에 갖고 살아야 한다. 그렇지 못한 '지상의 약자들' 에게 '지상의 지옥'이 천국 노릇을 한다.

대중이여! '압제자들은 피안(彼岸)에 가서 영원한 형벌을 받을 것' 이라고 자위하며 애매한 고난을 견디려는가.

030
무엇이 착한 것인가

그대여, 진정 무엇이 착한 것인가? 대담

한 것이 착한 것이다. 또 무엇이 착한 것인가? 힘에의 의지, 그 의지 자체를 증대시켜가는 느낌이다. 반면 무엇이 악한 것인가? 연약한 모든 것이다. 권력을 단지 정치적 지배욕으로만 해석하지 마라.

그대여, 약자가 악한 것이라 했는데, 약자는 누구인가? 자기 충동이 뒤만 따라다니는 자이다. 약자는 '아니다'라고 부정할 힘이 없다. 금지할 만큼 강하지 못해 언제나 영웅과 위인, 성자의 하인과 도구로 살아간다.

그대여, 자신을 단련하고 자기 스스로 길이며 생명이 되는 용기를 가져라. 용기가 있는 자는 이렇게 말한다.

"내가 곧 길이요 진리요, 생명이니라."

031
삶의 가치가 없다고 말하려면

금세기 도덕은 전승(傳承)되어 온 모든 가치를 전도(顚倒)하고 새롭게 정의되어야 한다. 도덕의 중요도는 생명에 기여하는 가치, 즉 생(生)의 보람에 따라 정해져야 한다. 설령 모든 영웅적, 관습적 도덕이 사라진다고 하여 '인생의 가치가 없다'고 비탄해 하는 사람들은 오히려 '자신의 가치가 없다'고 말해야 한다. 모든 삶의 비극을 비웃는 자가 가장 높은 산에 오른다.

032

초인으로 가는 길

새로운 종(種)의 출현이 '초인(超人)'인가. 희망으로 놓아두자. 그 대신 초인을 '자기를 극복할 수 있는 인간'이라고 정의하자. 모든 인간에게 초인이 되려는 열망은 본능이다. 초인은 고통을 잘 견딜 뿐 아니라 고통에 찬 운명을 자신의 고양과 강화를 위해 즐거워하며 오히려 요청한다. 이런 패기에 찬 정신을 지닌 초인은 우연한 자연도태(自然淘汰)의 수렁 속에서 올라오며 길러지는 것이 아니다. 계획적 자기훈육과 자기향상으로 창조된다.

그대여, 먼저 감정과 생각을 다스리고, 이를 넘어서 신체를 단련하고 훈육하라. 신체를 자신의 지배 아래 온전히 둘 때 본능까지도 기품을 갖춘다.

033

침묵의 힘을 배우라

언젠가 많은 말을 꼭 해야만 할 사람은 가슴속에 말없이 많은 말을 쌓아 둔다. 언젠가 천둥에 번갯불을 쳐야 할 사람은 오랜 기간 구름으로 지내야 한다. 친한 사이에서도 침묵은 좋은 것이며, 보다 더 좋은 일은 마주 보고 웃는 것이다.

그대여, 비단결 같은 하늘 아래에서 이끼에 몸을 기대고, 경전 위에 서서 흰 이를 드러내며 웃으리라. 내가 잘하고 있을 때는 침묵하고, 그가 서투를 때는 오히려 웃으며 편하게 위로만 하리라. 언젠가 해야 할 말을 준비하며.

034

부조리의 잠언

친구들이여! 우리 출렁이는 생각에 대해 변명도 용서도 필요 없이 무덤으로 내려갈 때까지 더욱 서투르게 하자. 마음이 쾌활하고 자유로운 그대들이여, 나의 부조리한 잠언(箴言)으로 귀와 가슴의 피난처로 심아라. 믿어다오. 내 부조리는 저주가 되지 않으리니. 내가 발견한 것이 지금껏 어느 책에 나온 적이 있던가? 그대 속의 광대 패거리를 존경하라.

그대여, 자기 부조리의 잠언이 광대의 책이니. 그때 알게 되리라. 이성(理性)은 어떻게 오며 어떻게 이성으로 돌아가는지를. 친구들이여 그래야만 하는가? 아멘!

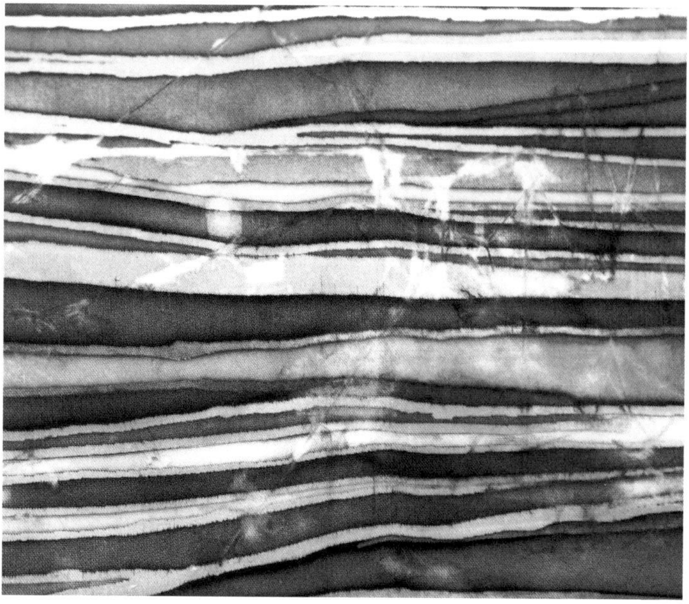

035
생각하는 힘을 기르라

성직자들의 겸손보다 더 복수심으로 가득 찬 것은 어디에도 없다. 그들이 손만 댔다 하면 누구나 금세 더러워진다. 그들은 자신들이 구세주라 부르는 자의 그릇된 경전의 멍에를 쓰고 있다. 종교적 신념으로 자행되는 악행을 고민하던 데카르트는 마침내 그 원인을 밝혀냈다. 그들은 자신들이 주입받은 신념을 의심할 수 없다. 의심스러워도 믿어야 했고, 믿지 못하면 불경한 이단자가 되기에 생각하는 힘이 차츰 사라져 완전히 소멸되었다.

생각하는 힘은 의심을 먹고서야 자란다. "나는 생각한다, 고로 나는 존재한다." 데카르트의 이 의심은 종교적 독단과 폭력을 벗어나기 위한 방법론적 회의였다. 중세시절, 모두가 마녀사냥에 미쳐있어도 그녀는 마녀가 아니라고 당당히 외치는 자가 바로 생각하는 힘을 지닌 자이다. 회의(懷疑)는 실체적 진실에 다가가기 위한 유일한 수단이다.

036

'고양이의 눈' 같은 사랑

그대여, 사람들의 조롱거리가 되고 싶은가. 마음속에 깊이 묻어둔 애정을 털어 놓아보라. 어떤 고백을 해도 어리석은 열병에 걸렸다고 비웃을 것이다. 대지에 인간이 두 발로 직립한 이후, 애정이 깊을수록 이성적인 경우는 없었다. 깊은 사랑은 그 자체가 폭군이다. 그 앞에서 이성도 양심도 항복하고, 오직 충동만이 고양이처럼 눈을 뜬다. 애정의 충동이 가득한 눈으로 고양이처럼 부끄러움도 모르다가 어느 순간 현기증을 느끼며, 그제야 불현듯 고상하지 않은 자기 모습을 깨닫는다.

037

태양의 눈길을 한 약탈자

이슬이 맑은 대기(大氣)를 어루만지듯 내린다. 보이지도 않고, 소리도 없이 대지(大地)에 내린다. 보드라운 신발을 신은 이슬이 마른 대지를 위로한다. 그대는 기억하는가. 저물어가는 태양의 눈길이 노랗게 변한 풀밭과 까매진 나무들을 꿰뚫고 그대를 노려보고 있던 때를. 우리는 얼마나 하늘의

눈물과 이슬에 목말라했었던가.

이처럼 인간의 불행을 기뻐하는 불타는 태양의 눈길을 누가 '진리의 청혼자'라고 했던가? 이집트의 파라오 왕, 태양의 아들인 잉카 왕, 의로운 태양이라는 각 종파의 구세주들은 간교한 약탈자이다. 곧 속여야만 되고 알면서도 거짓말을 해야 먹이를 노릴 수 있는 짐승이다.

038
광대의 진리에서 추방되어라

종교의 가면을 쓴 '진리의 청혼자'들은 듣기 좋게 화려한 말만 나열하는 한낮 시인에 불과하다. 그들은 '거짓의 무지개'로 만든 다리 위를 보기 좋게 배회(徘徊)하는 한낮 광대에 불과하다. 왜 그들은 자기 발소리의 숨을 죽이고 다녔던가. 거짓된 하늘과 대지 사이를 오고 가야 했기 때문이다. 진리의 청혼자들은 살며시 장막으로 감춰어진 거짓 하늘을 담은 성전 기둥과 문지기 노릇을 하고 마을을 돌아다니며 주문을 외운다.

그들의 주문을 받드는 추종자들이 모이면 복스러운 피에 굶

주린 탐욕스러운 입술로 불가사의한 축복을 외친다. 그러면 그들은 새끼 양을 덮치는 독수리처럼 갑작스레 추종자들 위에 내려앉는다. 이것이 광대가 추구하는 행복이다.

그대 뜨거운 가슴이여, 광대 짓에 불과한 모든 진리로부터 추방되어라.

039
내 말, 내 손, 내 발

내 말(言)은 인민(人民)의 어투, 거칠고 따끈해서 토기 새끼 같은 인종들이 소화하기에는 무리이다. 잉크 속에 허우적대며 노니는 글쟁이들과 엉터리 글로 시대에 영합하는 여우같은 인종들에게는 너무 '이상한 이상(strange ideal)' 이다.

내 손은 '바보의 손' 이다. 아무 곳이나 생각나는 대로 마구 써댄다. 바보의 손이 낙서한 책상과 병과 하늘의 모든 별에 재앙이 있으라. 그러나 내 발은 '야생마의 발' 이라. 언덕과 골짜기를 오르내린다. 이리 뛰고 저리 뛰고 전력으로 들판을 달릴 때 악마조차 기뻐서 까무러칠 정도이다. 미래의 철학자는 인민의 어투와 바보의 손과 야생마의 발을 지니고 있다.

040

누가 노동을 존엄하다 하는가

'노동의 존엄성'은 자기를 기만하는 근대의 개념적 환각(幻覺)이다. 그토록 노동이 숭고하다면 하루하루 고달픈 노동자의 삶은 어디로 갔단 말인가? 근대 노동자는 고대 노동자에 비해 특이한 '자기 위안'을 가지고 있다. 바로 자신이 노예라는 현실을 잊게 하는 허영심이다.

노동의 도덕적인 가치는 산업화가 확산된 19세기 이후로 도덕적인 가치로 평가를 받는다. 즉 노동을 문명과 창조의 원천으로 추앙하기 시작한 것이다. 특히, 기독교 윤리는 노동을 신성시하고 찬양하며 인간의 욕구를 길들여 노예화하는 데 앞장섰다. 허영심에 들떠 새벽부터 늦은 밤까지 시달리는 '고된 노동이야말로 산업사회의 가장 훌륭한 경찰' 이다.

041

노동은 훌륭한 경찰

이 시대의 노동은 마치 '훌륭한 경찰'과 같다. 인간의 사회적 성찰과 욕망, 몽상과 독립심을 능숙하게 구속하고 있다. 만약 노동에 귀천이 없다며 노동자는 설레는 가슴으로 자기 노동에만 몰입한다. 다른 노동과의 엄연한 차별에도 '스르르~' 눈을 감고, 그저 노동이 정한 작은 목표에 전념하며 반복적이고 규칙적인 만족에 머물고 만다. 노동이 양극화되어도 사회는 안전하게 되며 이러한 '안전'이 최고의 존엄으로 숭앙(崇仰) 받는다.

042

직업은 삶의 척추

그대여, 이제 그만 깨어나라. 개미처럼 열심히 일하면 막대한 부(富)를 획득할 수 있다는 환상을 깨쳐라. 물론 직업에 귀천은 없어야 하나 각각의 직업마다 엄연히 다른 연봉의 차이로 '삶의 귀천'이 따른다.

그대여, 모든 노동이 숭고하다는 찬송을 중단하라. 그래도 혹시 '노동 찬미가'를 부르려거든, 먼저 자신의 취향과 몸 상태에 따른 일을 택할 수 있어야 하며 또한 자신에게 가장 덜 고통스러운 일을 중심으로 노동의 분배가 이루어져야 한다. '삶의 척추'가 직업인데 자기에게 맞는 일을 해야만 비로소 그대의 삶이 곧바로 서고 노동도 가치가 있다.

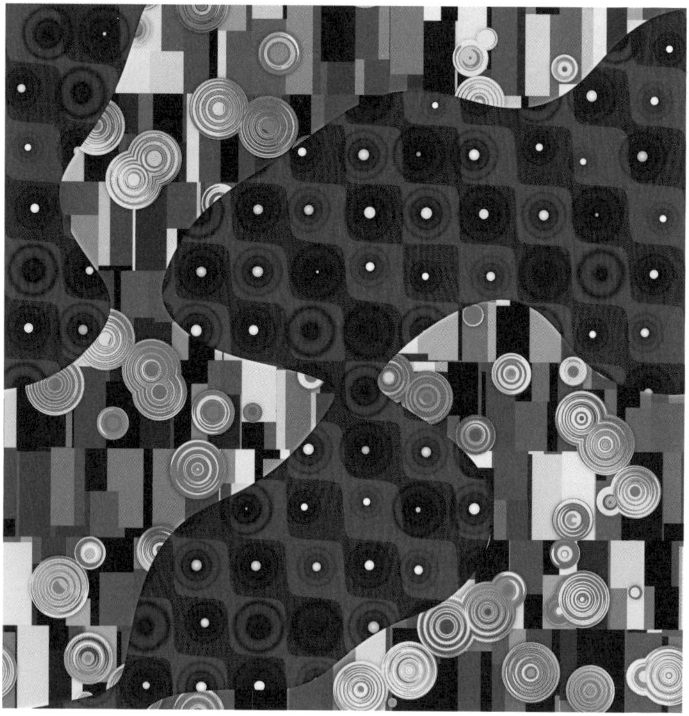

043
일과 노동

그대여, 노동(勞動)과 작업(作業)을 구별하라. 비록 인간의 삶속에서 자신을 유지하기 위해 필수적인 노동일지라도 아이처럼 즐기는 자에게는 작업이 된다. 곧 어떤 일을 하면 할수록 지겹다면 노동이요, 때로는 일하는 과정에서 지겹기도 하지만 전체적으로 힘이 솟고 꾸준히 하고 싶다면 작업이다.

바로 이때부터 작업은 노동의 진화가 이루어낸 금자탑이 된다. 나와 세계의 유지에 급급한 노동에 비해서 작업은 나와 세계의 변화와 발전을 만들어 낸다. 혁신적인 자유의 영역은 노동이 끝나는 저 너머에서 시작된다.

044
당신의 결혼은 노동인가, 작업인가

그대여, 결혼 생활도 노동이 될 수 있고 작업이 될 수도 있다. 결혼이란, 창조된 두 사람보다 더 뛰어난 삶을 창조하려는 의지이다. 만일 사랑의 결론이 결혼뿐이라면 그 결론은 부패할 운명을 지니고 있다. 두 사람에게 결혼이 더는

구원(救援)이 아닐 때에야 결혼 생활은 작업이 될 수 있다.

바그너의 작품 〈방랑하는 네덜란드인〉에는 최후의 심판까지 바다를 방랑하는 저주를 받았으나 사랑하는 여인이 나타나면 저주에서 풀리는 선장의 이야기가 나온다. 만약 결혼 생활에서 두 사람의 관계가 '군주와 노예'같다면 결혼 당사자들은 저주받아 영원히 항해하는 선장처럼 될 것이다.

그대여, 결혼이 더 이상 사랑의 결론이나 구원이 아닐 때에야 비로소 결혼은 '유쾌한 대화'가 된다.

045

영원한 순간, 그것은 사랑의 섬광

그대여, 순간이 영원이 되는 때는 언제인가. 바로 '사랑의 섬광(閃光)'이 번쩍일 때이다.

천둥소리는 빗소리보다 짧지만 강렬하다. 또 번갯불은 그 천둥소리보다 더욱 짧고 강렬하다. 번갯불이 번쩍이는 그 순간 하늘부터 지상까지 온통 환한 대낮이 된다. 이처럼 사랑의 섬광도 하늘에서 두 연인이 서 있는 대지까지 밝히는 영원한 순간이 된다.

046

행복은 고유한 삶의 부산물

모든 생명체는 '에너지'를 원천으로 삼아 각각 고유한 길을 간다. 날마다 자신만의 길을 가며 에너지의 단순성으로 살아간다. 사연 속의 인간도 마찬가지였다. 건강하고 안정된 일상자체를 바랄 뿐, 유별난 행복을 바라지 않았다.

본디 '행복'이란 명사(名詞)는 존재하지 않았다. 부족 사회를 이루어 살기 시작한 석기 시대에도 저마다의 행복이 있었을 뿐 사회적 합의에 의한 행복은 없었다. 인간이 금속을 사용하기 시작한 이래로 여러 계층의 계급이 생겨났고 세습까지 하게 되었다. 권력과 부의 세습이 인간 사회를 지배하면서 많은 인간은 '무엇이 행복인가'를 고민하기 시작했다. 기원전 7세기, 만물의 근원을 물(水)로 보고, 존재자의 통일성을 관조(觀照)한 그리스 철학자 탈레스는 행복의 세 가지 요소로 건강과 돈, 그리고 학식을 꼽았다.

그대여, 외부에서 주어지는 행복의 지침은 인간의 고유한 삶의 법칙에 거침돌이다. 과연 누가 이를 견디랴. 각각 자신만의 고유한 삶의 법칙대로 살아갈 때 행복은 부수적으로 따라온다.

047
사유의 즐거운 전복

인류의 스승들이여! 최고의 성자들이여! 현자들이여! 그대들은 '진리에의 의지'에 고무되어 있는가? 아니다. 실상은 '권력에의 의지'에 열중하고 있는 것이다.

그대들은 민중(民衆)을 흘러가는 강물 위에 띄운 '작은 배'에 태웠다. 그러고 나서 그 배에 온갖 명예롭고 화려한 이름을 붙여주어 모두에게 복종과 찬사를 받고자 했다. 여기서 작은 배는 그대들의 의지와 가치를 뜻한다. 또한 강물은 '생성(生成)의 흐름'인지라 그대들은 스스로에게 복종할 수 있는 자를 제외한 민중을 지배하고 있다.

048
아름다움에서 찾아내는 정숙

사랑은 수학이 아니다. 곧 세계를 수학공식처럼 계산하는 자들의 눈에는 사랑에 빠진 연인들이 공식대로 계산하지 못하는 모습을 보고 '불타는 악마'라 할 것이다.

사랑으로 휘감긴 연인의 눈에 비친 상대의 아름다움을 과연 어떤 화가가 묘사해 낼 수 있으랴. 사랑으로 완전하게 휘감긴 눈과 손은 연인의 아름다움에서 정숙(貞淑)까지 찾아낸다. 사랑으로 휘감긴 상대를 정숙하게 바라봐야 할 숨은 이유가 있다. 바로 자신의 음란(淫亂)에 대한 수치심 때문이다.

그대여, 사랑은 머리가 아닌 가슴을 향해 질주한다.

049
사랑을 잊은 후에 오는 것

사랑은 '무한한 연대감'과 '쓸쓸함'이

라는 상반된 정서를 안고 있다. 서로 아무리 사랑하는 관계에도 틈은 생기기 마련이다. 사랑이 주는 '무한한 연대감'을 맛본 만큼 사랑이 주는 '쓸쓸함'이 찾아온다. 그래서 인간은 사랑 이면(裏面)의 쓸쓸함을 알기 때문에 '사람을 사랑하는 법'을 잊으려고도 한다. 하지만 '사람을 사랑하는 법'을 잊으면 결국에는 자신마저 사랑할 수 없게 된다.

그대여, 인간은 사랑을 통해 사랑받을만한 가치가 무엇인지 알 수 있다. 곧 그 가치가 자기에게도 내재되어 있음을 깨닫고 자신을 사랑하게 되는 것이다.

050
씨름 선수가 아닌 늑대처럼

철학자들처럼 세계를 '해석만'해서는 부족하다. 행동이 없는 해석은 실천을 유예(猶豫)하는 습관만을 양산한다. 얼마나 많은 사람이 뛰어난 재능을 지니고도 아무 일도 이루지 못했던가. 재능은 실천할 때 능력이 된다. 언제나 행동이 생각을 만들지 그 반대는 아니다. 행동하는 과정에서 혁신적인 생각들도 하나씩 튀어나온다.

그대여, 씨름 선수처럼 웅크리지 말고, 늑대처럼 재빠르게 행동하라. 곧 실천하는 과정에서 재능이 숙성되며 좋은 결과물이 맺힌다.

051
평생 비전문가의 특징

전문가와 비전문가의 차이는 자신만의 전문성을 지니고 있는가, 없는가에 따라 판명된다. 어느 분야를 막론하고 처음부터 전문가인 사람은 없다. 이 시대에 필요한 전문성을 기르면 전문가가 되는 것이며 방치하면 비전문가로 남는 것이다.

평생 비전문가로 남는 사람들의 특징은 비슷하다. 그들은 손쉽게 전문성을 길러준다고 하는 곳을 좇아다니기에 정신없다. 그렇게 하루를 다 소비하고 나면 종국(終局)에는 '거짓 흥행몰이'로 비전문가를 현혹시키는 장사꾼들만 이익을 취한다. 또한 비전문가는 자기 안의 조급함, 복수심, 정복욕들을 제어하지 못하는 특징이 있다.

그대여, 전문가가 되고자 한다면 먼저 자기 안에 잠재되어 범람하려는 거친 허영심부터 제어하고, 전문가가 되고자 하는 분야에 매진해야 한다.

052
그대가 서 있는 곳을 깊이 파라

그대여, 그대가 찾으려는 보물은 바로 그대가 딛고 서 있는 땅 아래에 묻혀 있다. 혹여 그대가 발을 딛고 서 있는 땅 아래를 놓아두고 다른 곳을 선망(羨望)하지 마라.

모든 것이 급변하는 이 시대에 '잘 나간다'는 것만을 모방하는 것은 도박이다. 이른바 '잘 나간다'는 것은 금세 뒤바뀐다. 가령 어느 조직에 속해 있다면 우선 속해 있는 조직에서 보물을 찾아야지 더 '잘 나간다'는 다른 조직을 염탐(廉探)만 하고 있어서는 안 된다. 무릇 어느 조직을 막론하고 그 조직만의 장점이 있고, 가치와 성격이 있다. 모든 조직에 일괄적으로 통용되는 성공 방정식은 단 하나 뿐이다.

'나는 왜 이 조직에 있는가', '나는 무엇을 해야 하는가'를 확실히 이해하고, 속한 조직에서 나만을 살려낼 특별한 경쟁력을 찾으면 반드시 성공한다.

053

사랑하게 되면

누군가를 내가 사랑하게 된다면 사랑하는 대상에 나를 맞춘다. '사랑의 게임'에서 승자는 항시 덜 사랑하는 사람이다. 더 사랑하는 사람은 늘 약자가 되어 사랑받는 이의 눈에 결점(缺點)을 드러내지 않고자 노력한다. 모든 것이 녹아내리는 '사랑의 비등점(沸騰點)'은 사랑에 눈이 멀어 상대의 어떤 부분을 접해도 상처가 되지 않을 때까지만 유지된다. 이 비등점만 내려가지 않는 한 사랑하는 사람은 절대 지존인 신(神)처럼 통치한다.

054
자기 생각을 표현하는 힘을 길러라

화석이 된 물고기는 먹을 수 없다. 이처럼 좋은 생각도 표현하지 않으면 가슴속에 묻어둔 화석과 다를 바 없다. 설령 말했다 해도 설득되지 않으면 공염불(空念佛)이다. 자기 문제를 스스로 풀지 못하는 자를 '식민지적(植民地的) 개인'이라 한다. 스스로 자기 문제를 풀어갈 '혀의 힘'을 기르라. 펄떡이는 물고기를 잡으려는 사람은 강으로 가서 물고기가 좋아하는 미끼를 낚시에 달고 먼저 던진다. 마찬가지로 원하는 답을 얻고자 하면 먼저 상대가 원하는 답을 주어야 한다.

그대여, 항상 논리적으로 생각하고 포괄적이 아닌 구체적으로 질문하라.

055
'너는 누구냐'라고 묻지 말라

과거에는 정답이었지만 현재에 들어 오답이 되는 경우가 많다. 과거에 존중받던 일부 신조(信條)들이 오늘날 어리석은 고집이 되었다. 금과옥조(金科玉條)가 되어 한 시대를 풍미하던 신념이 다른 시대에 들어 '천덕꾸러기' 대접을 받는 신세로 전락했다면 이는 '사회가 생물'이라는 증거이다. 사회를 생물로 창조한 자는 바로 인간이다. 즉 시대가 변한 것이 아닌 인간이 변한 것이다.

그대여, 누구도 내게 '너는 누구냐?'라 묻지 말라. 그런 질문은 나에게 언제나 똑같은 상태로만 남아 있으라는 말과 같다. 굳이 내게 대하여 묻고 싶거든 차라리 '왜?'라고 물어라. '왜 그 일을 하고 싶은지', '왜 그 길을 걷고 싶은지', '왜 그리되고 싶은지'만을 질문하라.

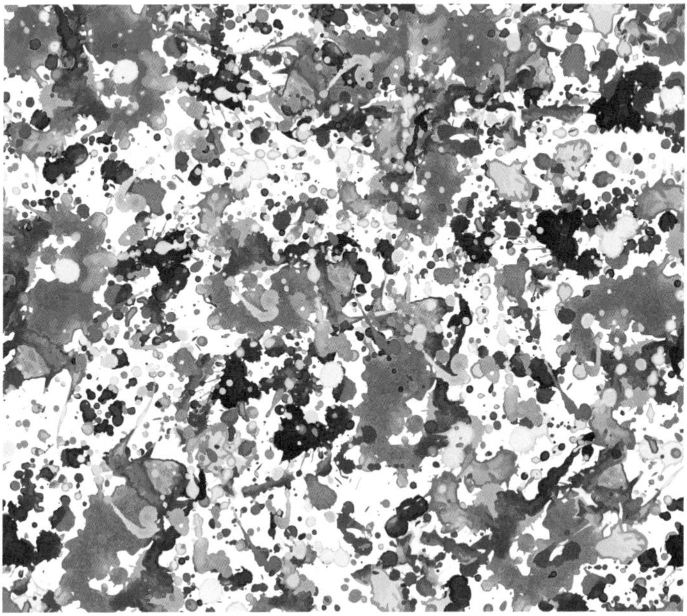

056

음악이 곁들인 사랑

당신의 사랑을 격정(激情)적인 것으로 만들기 원하는가. 음악을 곁들여라. 사랑에 음악이 깃들 때 흠모(欽慕)하던 마음은 격정으로 나아간다. 격정을 향락(享樂)으로 만들고 싶은가. 그렇다면 격정을 음악 속에 매몰시켜라. 격정이 향락으로 진격할 것이다. 그러나 주의하라. 향락 그 자체만으로는 사랑이 오래가지 못한다.

그대여, 사랑을 영원히 지속하고 싶거든 음악이 곁들인 사랑에서 멈춰서고 흠모와 격정 사이에서만 왕래하라.

057
천국보다 가치 있는 현실

천국은 현실에 대한 증오이다. 어떻게 현실보다 천국과 극락을 더 선호할 수 있을까? 현실적으로 존재하지 않는 이상향(Utopia)을 언제나 꿈꾸는 것도 바로 현실의 불완전과 불만족을 메꾸기 위해서이다. 수만 년 동안 전개된 인류의 현실에 비현실적인 우상들이 계속 역습해 왔지만, 드디어 '우상들의 황혼'이 찾아 왔다. 왜 우상들은 지옥을 만들었을까? 현실을 훼손하기 위해서이다. 현실이 이승보다 가치 있다는 것은 아무리 초라한 현실도 실재(實在)한다는 점이다.

그대여, 현실을 우상의 이상에 기대어 실추하거나 비방하지 마라. 불만스러운 현실이라도 전원을 가꾸듯 쓰레기를 치우고 개선하면 꽃이 핀다. 그러나 우상은 아무리 가꾸어도 쓰레기일 뿐이다.

058
'거짓 기쁨'에 속지 말라

그대여, 그대가 누군가를 속이는 데 성공했다고 안도하지 마라. 특히 그대가 미워하는 사람을 속였을 때

통쾌한 기쁨이 따른다. '거짓 기쁨'은 그런 식으로 자라난다. 사기를 치며 은밀한 쾌감을 맛보는 데 익숙해지면 '거짓 기쁨'에 압도당한다. 그때부터 낮에는 속일 대상을 찾아다니고, 밤에는 속일 궁리만 한다. 원거리로부터 시작된 사기행각이 차츰 가족에게까지 당겨지고 끝내 자신 안에서 마무리된다. 이것이 '사기의 기쁨'이 주는 선물이다.

그대여, 거짓으로 이룬 성취가 당장은 달콤할 수 있다. 그러나 거짓된 성취는 세월의 무게를 이기지 못한다. 세월은 거짓을 일시적으로 덮어주는 것 같지만 마치 고고학자가 유물을 발굴하듯 켜켜이 숨겨준 진실을 드러낸다.

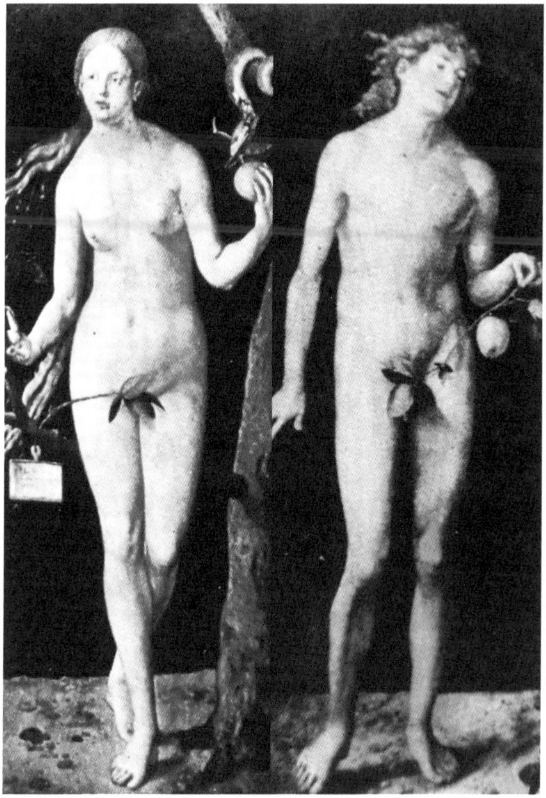

059
가면을 쓴 사랑

'사랑의 진실'은 성냥개비를 긁어 튀기는 불꽃과는 다르다. 관능적인 쾌감의 색으로 칠해진 사랑은 대낮에도 '진리의 가면' 을 쓰고 끝이 없이 쾌락만 추구한다.

그대여, 만일 그대의 사랑이 단지 포옹(抱擁)으로만 구성되어 있다면 힘차게 안으면 안을수록 '사랑의 진실' 은 멀어져만 간다.

060
감응적 개념과 함께 가라

기독교의 황금률(黃金律)은 '남에게 대접 받고자 하는 대로 남을 대접하라' 는 가르침이다. 하지만 기독교의 황금률은 두 가지 이유로 '인류의 황금률' 이 될 수가 없다. 첫째, 대접을 받는 것에 무관심한 사람들에게는 해당이 안 된다. 둘째, 남에게 대접을 받고 싶은 욕구로 대접하는 것은 일종의 거래에 불과하다.

곧 유일한 황금률은 '이 세상의 모든 인간에게 통용되는 황금률은 없다' 는 것이다. 이미 확립된 이론은 '조작적 개념' 이며 명확히 규정되지 않은 모호한 이론은 '감응적 개념(sensitizing concept)' 이다. 암기교육 위주의 교육 현장에서는 항시 '감응적 개념' 을 멀리한다. 그러나 과학은 '감응적 개념' 을 '조작적 개념' 으로 확인해가는 과정이다.

그대여, 그대가 '감응적 개념' 으로 사유할 때 미래를 선취할 수 있다.

061
너 자신이 되어라

우리 의식의 표층(表層) 아래 여러 충동과 조건들 사이에서 치열한 권력 투쟁이 벌어지고 있다. 개성(個性)은 의식의 표층에 머물고 있다. 심층(深層)에서 벌어지는 온갖 충동들 사이의 서열이 어떻게 변하느냐에 따라 개성의 변화가 일어난다. 그렇다면 인간은 의식의 '심층 투쟁'을 어떻게 관리해야 할까.

의식은 외부세계와 심층이 소통하는 통로이다. 활동적인 본성의 성공은 의식이 실천을 원하고 의지가 이를 수행할 때에야 이루어진다. 그러므로 자기가 사유한 것과 한번 한 행동을 명상

하고 관조하라. 그리고 진정으로 자기가 원하는 모습을 의지하라. 자신을 실현하는 것은 의식이 아니라 의지이다.

062

야만의 사랑, 문명적인 사랑

'모든 사랑이 행복을 약속한다'는 말은 거짓이다. 사랑의 대상이 많으면 많을수록 집중하기가 어렵다. 이와 반대로 사랑의 대상이 적어져 하나만 남을 경우, 자기중심주의자(egoist)가 되어 버린다. 그들은 그 무엇도, 아무 것도 보지 않고 오직 한 '과녁'에만 집중할 뿐이다. 사랑의 거리가 좁아질수록 야만적 희생을 치르며 다른 사람들을 희생의 제물로 삼게 된다.

그대여, 문명적으로 사랑하고 싶은가. 그렇다면 정해진 사람과 일정한 거리를 유지하라.

063

그대가 할 수 있는 가장 친절한 일

그대여, 그대가 할 수 있는 가장 친절한

일은 타인의 수치심(羞恥心)을 자극하지 않는 것이다. 인간들은 저마다 특유의 수치심을 갖고 있다. 인간은 완벽할 수가 없다. 때문에 수많은 '당대의 표준' 즉 화술, 외모, 가문, 학벌, 소유, 재능, 취향 등 자신에게 우월한 한 가지를 남과 비교하여 스스로 우월감을 가진다. 또한 '자기 수치'에 민감한 자가 타인의 숨겨진 수치에도 예민하다.

그대여, 주의하라! 아무리 사랑하는 사이라도 숨은 수치심을 자극하면 돌변할 수 있다. 그대여, 기억하라! 인간의 수치심은 영구적인 것이 아닌 시대적인 것에 불과하다는 사실을. 시대가 부과하는 수치심을 시대의 치부로 바라볼 수 있는 사람은 타인의 수치를 정녕 수치로 여기지 않는다.

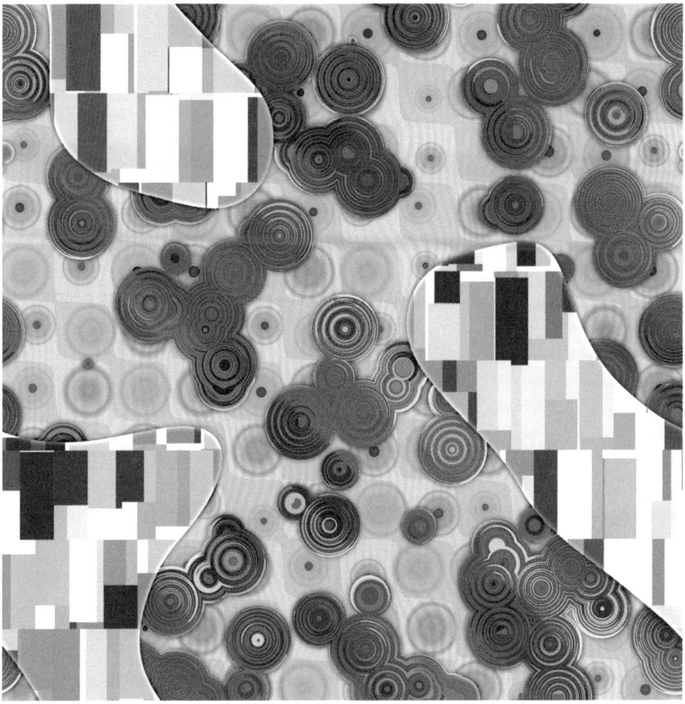

064

깊이가 얕은 사람

자기의 깊이를 알고 만족하는 사람은 항시 명쾌하다. 스스로 자신의 깊이가 얼마나 얕은지 모르고 대중에게만 깊어 보이려 노력하는 자들은 항시 모호한 태도를 보인다. 그래야 대중이 모호한 자신을 깊이 있다고 착각해주기 때문이다. 그럴수록 자신은 더욱 얄팍해진다. 두려움이 많은 대중은 각성된 개인들이 우르르 앞장서지 않는 한, '깊은 물'에 나서서 뛰어들지 않는다. 항시 대중은 밑바닥이 보이지 않는 물길도 너무 깊다고 지레짐작한다.

아! 대중이 모호한 '레토릭(rhetoric, 화려한 말로 듣기 좋게 꾸민 말)'을 구사하는 얄팍한 사람들만 걸러내기만 해도 얼마나 사회가 발전할까.

065
최종 목적이 없어도 삶은 합목적적이다

근대 학문들은 최종 목적지에는 별로 관심이 없다. 목적이 특별히 정해진 것이 없는 자연이 합목적성(合目的性, 목적을 실현하는 데 적합한 성질)을 지닌 생명체를 탄생시키듯, 학문도 의도하지 않았지만 심리학적 고찰이 교차되면서 합목적적인 성과를 촉진하고 도출해 내고 있다. 그러므로 인생을 너무 의도하지 말자. 너무 진지하지도 말고 때로는 경박함이 필요할때도 많다.

066
삶을 경쾌하게 하는 일정한 거리

무대의 연주자는 청중이 너무 악기 근처에서 연주 듣는 것을 원하지 않는다. 화가 또한 자신의 작품에 가까이 다가가서 그림을 파헤치는 관람자를 달가워하지 않는다. 연주자도 화가도 일정한 거리를 두고 물러서서 감상하기를 바라는 것이다.

그대여, 평온하게 살고 싶거든 다른 이의 삶과도 일정한 간격을 두어야 한다. 너무 자세히 보려고 하면 보이는 사람의 삶뿐 아니라 자신의 삶까지도 쳐다보는 시선의 무게를 견디지 못한다. 삶을 경쾌하게 하기 위해서라도 모든 것과 언제나 일정한 거리를 유지해라.

067

당신 자신에게 봉사하라

모든 경험의 원천은 그대 자신이다. 그대가 사라지면 그대의 경험도 모두 함께 사라진다. 그대가 어떤 존재이든 또 본질이 어떠하든지 간에 번서 자신을 신뢰하고 '분명한 발걸음'으로 자신에게 봉사하라.

그대여, 자신을 해치는 음식, 자신을 해치는 과로, 자신을 해치는 모든 무리한 것을 멀리하라. 그대의 인식은 그대를 상승시키는 백개의 계단으로 된 사다리이다.

그대여, 경험의 원천인 자신의 자아를 책망하지 말고 보듬어라. 그래야 '지혜의 길'로 나아갈 수 있다.

068

누가 위대한 인물인가

세상은 더불어 살아가는 대지이다. 혼자만 고통 받고 끝나는 일에만 치중한다면 의미 있는 일을 해낼 수가 없다. 고대 사회의 대다수 노예도 농가의 가축도 자신의 고통은 잘 헤쳐 나갔다. 하지만 다른 사람에게 큰 고통을 짊어지게 하지는 못했다. 그런 일은 강인한 의지가 없는 한 해낼 수 없다.

역사의 진보를 이룬 인물들은 또 다른 사람들에게는 고통을 주어야 했고 처절한 외침을 들어야만 했다. 링컨의 가장 큰 업적으로 추앙받는 '노예 해방'이 남부인들과 몇몇 지주(地主)들에게는 큰 고통이었다. 그러나 링컨은 고통의 외침에 굴하지 않고 위대한 일을 성취했다.

069

변태를 거듭하라

어렸을 적에 무척 커 보이던 것이 어른이 된 후 왜 그리 왜소해 보이는지. 과거에 혼신의 힘을 기울여 맹세했던 것이 이제 와 보니 철없는 치기(稚氣)로 보인다.

그대여, 그럴 때마다 세상 물정 모르던 때의 일이라고 묻어두지 말라. 그 무렵 그대는 '그런 관점'이 필요했었다. 오히려 당시 상황에서 다른 것을 생각했다면 과대망상(誇大妄想)일 수도 있었다. 찬란한 성충이 되기 위해 곤충이 변태(變態)를 거듭하는 것처럼 새로운 시대에 접어들어선 인간도 당시 수준의 인식에서 변태를 할 수밖에 없다. 곧 다시 껍질을 벗고 또 벗어야 새로운 생(生)을 만날 수 있다.

자, 스스로 과거를 비평하고 타인의 비평에 귀를 기울이며 항상 새롭게 되기 위해 쉼 없이 변태를 거듭하자꾸나.

070
인생은 즐거운 학습 여행

어떤 음악이든 처음 들을 때는 생소하다. 그러나 꺼려하지 말고 인내와 관용의 노력으로 음악을 들으면 다양한 음악을 즐길 수 있는 귀가 만들어진다. 물론 처음에는 익숙하지 않은 음악도 반복해서 듣다 보면 친밀감도 생겨나고 멜로디가 지닌 특유의 매력에 점차 깊이 빠진다. 결국 그 음악은 자기 인생의 중요한 축을 이룬다. 비단 음악뿐만 아니라 미술, 과학, 수학, 경영, 업무 등도 마찬가지다.

그대여, 사랑도 이와 같다. 처음에 낯설었던 것이 차츰 익숙해지고 그것만의 고유한 맛이 난다. '한 사람을 만나고 익숙해진다'는 것은 미처 그대가 걷지 못한 그 사람만의 인생 전부가 내게로 걸어온다는 의미다.

그대여, 삶의 길은 이처럼 즐겁고 기나긴 배움의 여정이다.

071
너무 심각하게 받아들이지 말라

누구나 인생을 살면서 고민 한 가지씩은 가지고 살아가기 마련이다. 그러나 너무 심각하게 받아들이지 말라. 설령 욕창이 생기도록 오래 누워 있어야 하고, 답답해 견디기 힘들만큼 오래 입원해 있어야 한다 해도 그다지 심각하게 여기지 말라. 그 방식을 통해 앞만 보고 달려왔던 자신을 돌보는 기회를 얻을 수도 있다. 평소 일상을 살아가면서도 문득 눈을 들어 산과 들을 바라보고 강과 바다는 물론 지평선과 수평선을 바라볼 때 그 너머에 무엇이 있는지 모르나 왠지 모를 안도감이 들기도 한다.

그대여, 이와 같이 난제(難題)를 만났을 때 내면에 차분함과 안정감으로 대해야 한다. 그래야만 깊은 고통속에서도 고귀한 사람이 탄생한다.

072

이중의 불공정

인간은 자신이 '보는 것'만을 전부라고 여긴다. 모든 사물에는 양면이 있건만 인간은 사물을 묘사할 때 '자신의 목(neck)'이 완전한 진리라는 망상을 품는다. 그러고는 사물의 다른 면은 추리하거나 부가(附加) 설명을 한다. 자신의 시야가 닿지 않은 이면은 왜곡하고 시선이 머문 곳만 강조하는 것은 '이중의 불공정이'다.

삶의 가치를 평가하는 몇몇 기준(시선)은 성급하며 또 비논리적으로 발전해 온 것들이다. 이것이 '현존재(現存在)'와 부딪친 가장 큰 난제이다. 그러므로 모든 사물이나 현상을 평가할 때 '관점주의적 입장'의 가치 평가를 터득해야 한다. 그래야 사물의 왜곡과 이동은 물론 표면상의 목적론을 분간할 수 있고, 찬반 논란에 지급되는 '지적 희생'도 의미 있게 만들 수 있다.

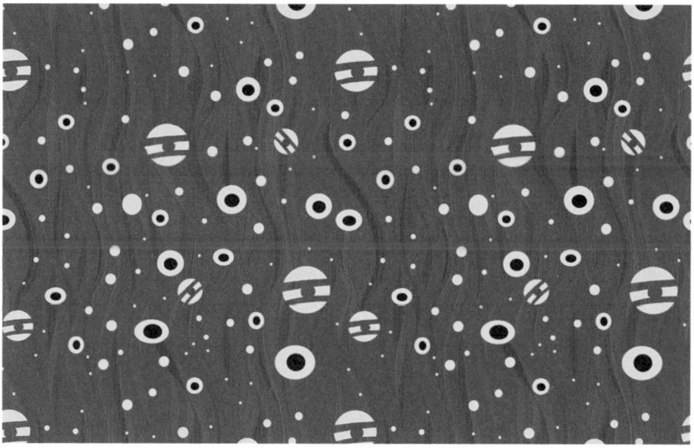

073

가면극

인간의 눈에 '물(物), 그 자체'란 '존재(存在), 그 자체'가 아닌 해석에 불과하다. 또 인간의 해석은 단일하지 않으며 인간이 복수(複數)이므로 해석도 항시 '의미의 복수성(plurality of meanings)'을 갖고 있다. 마치 가면극에서 가면을 쓴 배우들을 전혀 다른 모습으로 보는 것처럼, 올바른 해석은 이미 내려진 해석 속에 숨겨져 있다.

모든 해석의 출발은 진위(眞僞)였으나 거기에서 멈추지 않고 귀천(貴賤), 고하(高下) 등 가치평가의 위상(位相)으로 전진하며 인류 사회의 내적 원리가 된다. 곧 해석하는 자의 '유형'에 따라

달리 해석이 되면서 해석의 영구성은 사라졌다. 그 후 '참과 거짓의 배후'와 '모든 가면의 이면'에서 남은 것은 '가면의 모양을 결정하는 힘에의 의지' 뿐이다.

074
최초의 인간, 정오의 사상

절대적으로 주장하는 것일수록 병적이다. 건강의 징표는 이견(異見), 건전한 불신, 조롱 등이다. 플라톤은 사물은 허상이며 이상(Idea)이 진실이라고 말했지만, 사실은 이상이 허상이며 신체야말로 믿을만한 진실이다.

인간이 살고 있는 모든 공동체마다 '건강한 자'들에 맞서 투쟁하는 '병든 자'들이 존재한다. '병든 자'들은 도덕의 어미인 공포를 피해 설정된 절대적 이상의 그림자에 숨어 지낸다. 그러다가 그림자가 가장 짧아지는 순간인 정오(亭午)에 다다랐을 때에 긴 오류(誤謬)도 끝이 난다.

바로 그 지점에서 초인(超人)이 나타나 '정오의 사상'으로 자기 가치를 창조하고, 자신을 찬미하기 시작한다. 이들이야말로 인간성의 절정에 다다른 '최초의 인간'이다.

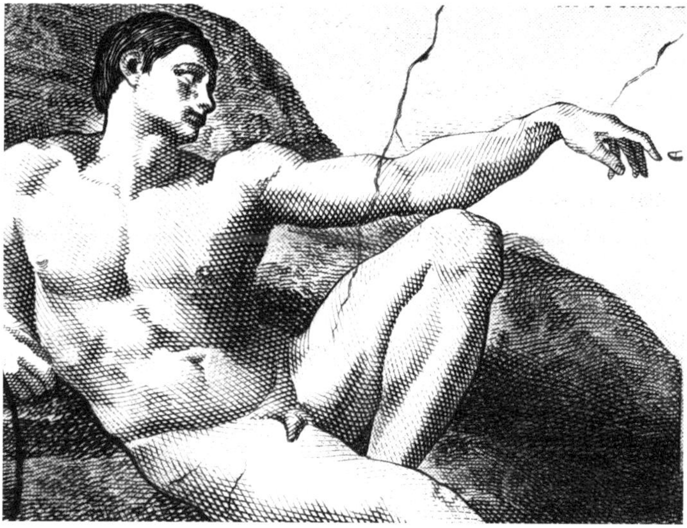

075

애착과 혐오

애착(愛着)과 혐오(嫌惡) 없이 삶을 살 수 있다면 얼마나 좋을까. 그러려면 둘 중 하나가 없어져야 한다. 애착이 있는 한 혐오가 없을 수 없고, 혐오가 있는 한 애착이 없을 수 없다. 애착이 깊다는 것은 그만큼 혐오의 폭이 넓다는 것이다. 또 애착이 깊은 만큼 무관심의 대상이 확대된다. 무관심은 혐오의 고급스러운 용어이다. 혐오와 애착은 평가와 관련이 있다.

인간은 인식적으로 유익과 유해를 나누고 그 나뉨에 따른 접근과 회피의 충동을 지니고 있다. 이런 인식의 역사적 발자취 자체가 비논리적이라서 인간은 처음부터 불공정한 눈을 뜨고 있다.

그대여, 애착과 혐오를 줄이기 위해 먼저 충동의 동기인 '인식의 부조화'를 깨닫고, 이따금씩 '판단중지(epoche)' 상태에 머물라.

076

고귀한 영혼은 자신을 숭배 한다

천한 영혼은 신을 숭배하고, 품격 있는 영혼은 자기 자신을 숭배한다. 신을 인식한 인간의 역사는 '자각(自覺)'의 역사이다. 최초로 '인간'이라는 자각을 한 구석기인들은 '만물에 신이 깃들었다'고 보았다. 인간의 이런 생각들은 애니미즘(animism)으로부터 시작해 특정한 동식물 또는 자연물을 신성시하는 토테미즘(totemism)을 거쳐 '유일신 사상'으로까지 발전했다.

그러나 만물에 내재해 있던 신성(神聖)은 동식물(totem)로 철수했고, 결국 '하늘 높은 곳'으로 후퇴했다. 인간의 인식이 확장

된 만큼 '신의 후퇴'가 이루어진 것이다. 곧 자연 생태계는 물론 인간의 생로병사(生老病死)를 주관하던 신(神)들이 이제 할 일이 없어졌다. 그러므로 신을 향한 숭배를 이제부터 각각의 자기 자신에게 돌려야 한다.

077

세계를 사는 방식

목적이나 의미가 사라진 시대를 우리는 어떻게 살아야 할까? 이를 허무주의로 규정하고만 말 것인가? 다만 전제적(前提的) 요건에서 의미와 목적이 불필요해졌을 뿐,

개인의 의미나 목적은 더욱 도드라진다. 먼저 자기 자신의 신체를 받아들이고, 모든 현실과 가능성을 담아 온전한 그대의 삶을 살아라. 그리고 오로지 여기에 부합한 세계의 목적과 의미를 찾아라. '찾는 행위' 자체가 창조이며 (피곤과 권태를 모르는) 영원한 생성(生成)이다.

그대여, 영원히 자기를 즐겨 파괴하고 또한 기쁘게 생성하라. 서구 종교가 버린 '자기 긍정의 욕망'을 되찾아 심화(深化)하고, 그대의 시선을 천상이 아닌 대지로 전환하라.

078

동정에 담긴 우월 의지

동정(同情)은 개인적이다. 곧 개인적으로 읍소하고, 또 호의를 베푸는 것이다. 동정에 호소할 때에 호소하는 자나 받는 자, 둘 다 '지적 장애'를 앓게 된다.

동정에 대한 열망은 강자에게는 자기만족의 열망이며 약자에게는 위안의 열망이다. 약자가 능란하게 자기의 처지를 호소하고 불행을 과시하는 것도 일종의 권력의지이다. 약자는 설령 강자가 원치 않아도 도움을 줄 수밖에 없도록 만드는 중요한 사람이 자신이라는 자만심을 얻는다. 강자 역시 함께 있는 사람에게 '가벼운 위안'을 주면서 자신의 입지를 과시하고, 또 칭송을 받으면서 흔들림 없이 자신의 입지를 유지할 수 있다.

이처럼 동정은 강자도 약자도 둘 다 지극한 자기애(自己愛)에 빠진 채 이웃의 희생을 전제로 진행하는 것이다. 개인적인 동정의 호소와 개개의 베풂을 벗어나야, 즉 더는 동정이 필요 없을 때에야 어리석어진 대지의 회복이 가능하다.

079

자신을 신뢰한 후 세상을 신뢰하라

그대여, 먼저 자신을 신뢰하고, 이후 세상을 신뢰하라. 자신도 믿지 못한 채 세상을 믿고자 한다면 '동가식서가숙(東家食西家宿, 일정한 거처가 없이 떠돌아다니며 지냄)'하는 삶을 살게 된다. 곧 자기를 불신하면 자신의 판단을 더욱 불확실하게 여겨 소심해지거나 소심한 자신을 감추려고 광포해지기도 한다. 결국 이런 자신을 잊고자 주색잡기(酒色雜技) 빠져 방탕한 삶을 살 수도 있다.

그대여, 자기 신뢰를 위해 먼저 자신의 어두운 내면에 숨어 있던 죄책감, 상처 등에 빛을 비춰라.

철학적 금욕생활을 오래 한 사람은 자신의 정신에 일종의 '등창'이 나 있다. 여기에 빛을 비추지 않으면 소심증은 더욱 깊어져 세상과 더욱 유리(遊離)된다.

그대여, 자신에게 비춘 '너그러운 빛'을 비로소 타인에게도 비춰라. 그들 모두 달을 쳐다보듯 바라볼 것이며 인간 세상은 신뢰가 넘치는 큰 기쁨을 누릴 수 있을 것이다.

080
즐거운 지식은 늘 가볍다

'우리는 깊이만 추구해요!' 그 '깊이'라는 것은 넓이가 없이는 불가능하다. 또 깊이 들어가도 나오는 것은 넓이의 곳곳에 나오는 것들과 크게 다를 것 없다. 즉 '깊이만 추구한다'는 말은 지적 현시욕을 드러내는 이빨이다. 이빨에 물린 대다수 인간들은 지성을 둔중(鈍重)하고 우중충하며 삐걱거리는 소음만 낼 뿐 작동하지 않는 '어려운 기계'로 파악했다.

'우리는 깊이만 추구해요……' 이런 신호를 보내는 자들은

'작동하지 않는 어려운 기계'를 움직이고 싶거든 '만물을 진지하게 수용하라'고 다그칠 뿐이다. 곧 인간들에게 '우아한 동물'이 되라고 강요하는 것이다. '우아한 동물' 노릇처럼 고역스러운 짓이 어디 있겠는가.

그대여, 욕망을 억누르고 행복을 거부하는 엄숙주의(嚴肅主義)를 버리고, 웃고 즐기면서 사유(思惟) 할 때에야 비로소 지식은 '어려운 기계'가 아닌 재미와 오락이 될 수 있으며 생의 활력소가 된다.

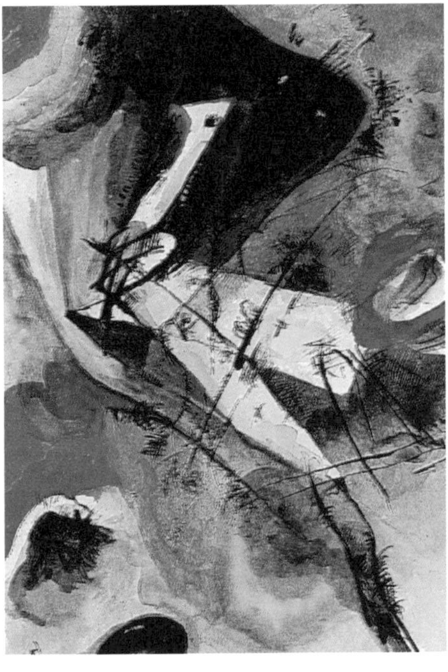

081
박수와 갈채

과학자나 사상가 등 위대한 발명가들은 발명(發明)의 과정에 박수갈채를 기대하지 않는다. 심지어 발명이 완료된 후 대중이 외면해도 실망하지 않는다. 언젠가 반드시 자신의 발명이 대중에게 절절한 것이 될 것이기 때문이다. 도리어 발명가들은 고뇌와 외로운 연구를 하는 동안 스스로 박수를 보낸다. 즉 외부의 박수갈채에 연연하지 않는 힘을 갖고 있는 것이다.

자신에 대한 신뢰는 곧 미래에 대한 신뢰이다. 또한 모든 위대한 발명은 위대한 문제이며 그만큼 '위대한 사랑'을 요구한다. 이런 '위대한 사랑'의 능력은 확고한 자신감으로 원숙한 정신을 소유한 자만의 것이다.

082
진리와 지식이 인간의 노예가 되어야 하리라

데카르트가 진리를 알기 위해 방법론적 회의를 사용해 근대적 지평을 열었다면 칸트는 '우리가 당연히 알아야 하고, 알 수 있는 것은 무엇인가'라는 질문을 통해 대상에 대한 관찰자의 선험(先驗)적 영향을 발견했다.

우리는 여기서 한걸음 더 나아가 '내가 알아서 좋은 지식이란 무엇인가'를 물어야 한다. 즉 칸트의 질문은 나의 '존재 의지'를 촉진시키는 것은 무엇이며 또 '무엇이 자신의 의지와 존재에 해를 끼치는가'로 대체되어야 한다.

지식을 위한 지식을 추구하는 관념론적 인식론을 멈추고, 삶의 요구에 응답하는 실존론적 응답이 절실하다. 곧 인간이 진리와 지식의 노예가 아니라 지식과 진리가 인간의 노예이다.

083
인생 위생학

생(生)에 절대적인 것은 '삶'이지 지식이 아니다. 즉 지식의 목적은 '삶에 대한 요구'이지 '지식에 대한 추구'가 아니다. 인간에 의해 생성된 지식은 인간에게 부과된다. 또한 지식은 지혜에 의해 한정(限定)된다. 지혜란 인간이 습득해야 할 지식의 총량을 삶의 의지 강화와 부요(扶搖)에 상응시킬 줄 아는 것이다.

'인생 위생학(인간에 미치는 영향)'의 핵심은 자기 지혜에 근거해 지식을 단호하게 한정하는 것이다.

084
신체 단련과 무욕과 평정

원한과 불신앙에서 태어난 그리스도교가 유죄 판결을 받는 동안 신(神)을 배제하고 자기완성의 길을 찾아 나선 붓다(Buddha)의 사유방식이 신종 문화적 사유 모델로 떠올랐다. 곧 도덕의 자기기만(自己欺瞞)을 간파한 붓다의 사유는 선악의 저편에 서 있으며 삶의 현상에 충실한 '정신 섭생(攝生)'이다.

그리스도교와 달리 붓다는 불신앙이 아닌 고뇌에서 해방되는 길을 찾았다. 또한 구원의 존재로 초월적 신을 설정하지도 않았고, 고뇌와 죄를 연결하지도 안았다. 그 대신 해탈(解脫)의 가능성을 자기 안에서 찾는 '자가섭생(自家攝生)의 길'을 보여주었다. 그러한 길에 신체 단련을 통한 평정(平靜)은 물론 무욕(無慾)을 통한 삶의 유쾌함이 존재한다.

085

원한은 자비에 의해서만 끝난다

이 세상에서 원한은 원한으로 해결되지 않는다. 원한은 자비에 의해서 끝난다. 삶의 고통과 허무의 원인은 원한이다. 원한에서 해방되어야 진정한 자유인이 된다. 하지만 자유를 잃어버린 소인배는 남을 끝없이 원망하고 보복을 시도한다. 게다가 통쾌하게 복수하지 못하는 현실을 억지로 참을수록 신체는 녹초가 되어 버린다. 보복을 시도하면 할수록 더욱 고통이 심해진다.

결국 원한은 원한을 낳을뿐 인간 내부의 소중한 자원을 낭비한다. 신체 건강의 첫발은 원한 감정으로부터 지족(知足)한 자유이다.

086

삶은 정의될 수 없다

정의(定義)란 이성(理性)이 하는 일이다. '삶은 무엇이다'라고 정의하면 그때부터의 삶은 이성에게 종속한다. 그런데 이성보다 더 큰 인간의 삶을 이성의 토대(土臺) 위에 세우면 과연 어떻게 될까. 서로 다른 물질적 깊이를 가진 것처럼 삶과 이성은 분리된다. 결코 이성은 삶이 없이는 존재할 수 없으므로 삶의 정의는 항시 논증의 오류에 빠진다.

인간에게 참되고 본래의 것은 '삶의 고양과 유지'뿐이다. 삶이 없이는 어떤 가치도 없으며 신도, 지식도 존재할 수 없다. 이 모든 것은 삶에 대해서만 상대적이다. 그러므로 우리는 세계의 원근(元根)을 바라보며 전망하고, 세계의 성격은 항시 원근법적 양식에 의해서만 결정되어야 한다.

087
삶은 우리를 실망시키지 않는다

나는 해를 거듭할수록 삶이 더욱 신비스럽고 참되며 바람직하고 명랑하다는 사실을 깨닫는다. 내게 해방과 자유를 준 위대한 격언이 있다.

'삶의 현장은 인식자의 실험실이다.'

이 격언을 깨닫고 난 이후로 지식은 나에게 모험과 승리의 세계가 되었다. 곧 지식이 내 삶의 수단이 된 후, '지식의 운동장'에서 용감한 영웅적 감정을 품은채 유쾌한 삶을 살고 있다. 설령 삶에 의무와 곤란, 간계(奸計)나 미움이 있더라도 이 모든 것은 절망을 위한 것이 아닌 인식자의 즐거운 실험 재료들이다.

088
창조적 개인의 자율적 결단

나는 유럽 최초로 과시(誇示)된 허무주의자(nihilism)가 되어 그것을 끝까지 살아 냈다. 허무주의는 인간이 지향하는 초인(超人)을 향해 나아감과 동시에 몰락해가는 과정이며 또한 통과지점이다. 자칫 허무주의를 종착점으로 오해하기 때문에 허무한 것이다. 니힐리즘의 어원은 라틴어 '니힐

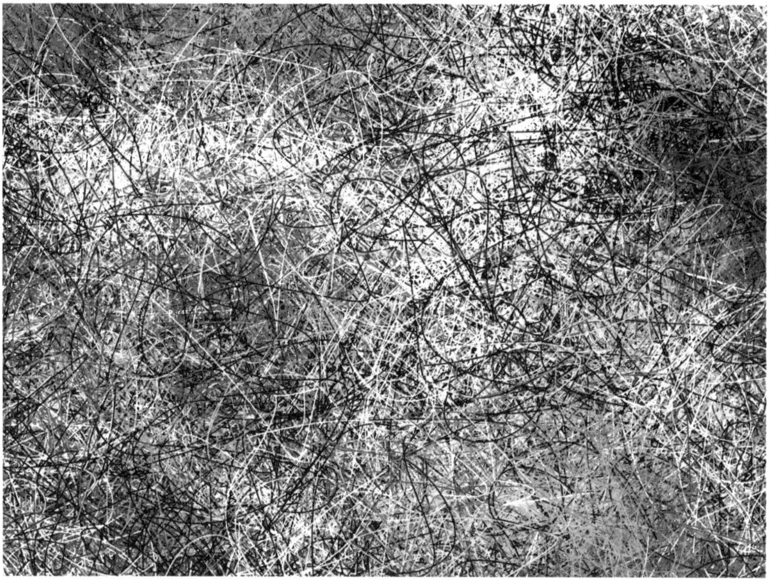

(nihil, 무(無))'에서 왔다.

우주 생성의 시발인 '빅뱅(Big bang)' 이후 존재하는 모든 것은 본디 니힐적 존재이다. 따라서 다자(多者)와 일자(一者)의 차이를 강조한 절대주의는 무시된다. 굳이 세계를 어떤 목적을 지닌 창조로 보고자 한다면 그 목적은 자연 질서의 완성이 아닌 개인의 결단으로 자율적 창조성을 완성하는 데 있다.

089

나는 스스로 있는 자이다

'나는 스스로 있는 자니라.' 모세가 불길에 휩싸인 가시덤불에서 신의 목소리를 듣고 따라간 이후로 수많은 종족이 멸망되고야 말았다. 이처럼 외부에서 들려오는 종교적인 신의 목소리에는 항상 '가시'가 달려 있다. 그러나 인간이 복종해야 할 목소리는 가시 돋친 소리가 아닌 인간의 내면에서 참된 자아가 되어야 할 바로서의 의지이다. 이것만이 본래며 절대적 명령이다.

그대여, 그대의 참된 자아는 '일상 자아'가 아니다. 일상적인 자아란 '사회적 자아'이며 그대의 참된 자아는 그보다 무한히 높은 곳에 있다.

090

정직하고 솔직한 이유

'나도 정직하고 솔직하며 남에게 속지도 않겠다.'

이러한 그대의 의지는 아래의 묻는 말로 검증받아야 한다.

'나는 무엇을 기대하고 또 두려워하는가', '신의 심판과 보상인가', '나는 왜 그래야만 하는가' 이 물음의 대답에 따라 그대가 스스로 솔직한지 아닌지를 입증할 수 있다. 만약 정직의 이유가 심판과 보상 때문이라면 점차 그대의 정직은 타락할 것이다. '하늘의 눈'은 대지에서 너무 멀어 점차 속여 나가기 쉽다.

그대여, 그대에게서 자아를 고양하려는 근본 의도를 지닌 '정직의 의지', '앎에의 의지'등의 표어(標語)가 나와야 진정성이 유지된다.

"삶의 모든 순간은 나름대로 의미가 있다. 맑은 날과 흐린 날의 교차에도 인생의 일기장에 이런 기록을 남긴다. '아픈 만큼 성숙해졌노라'고."

제2장

인생의 진짜 기쁨이 있는 곳

091

눈은 잘못이 없다

우리는 자기 자신은 지나치게 근접해 보면서 이웃은 멀리서 개략(槪略)적으로 보고자 한다. 자기 일은 중시하며 이웃의 일은 대수롭지 않게 여기고 쉽게 넘긴다. 자신의 실수는 아무리 커도 관대하지만, 이웃의 실수는 작아도 크게 본다. 또 자신의 작은 덕은 위업으로 극찬하면서 이웃의 큰 덕은 하찮은 것으로 여기고 무시한다.

이런 오차는 눈의 잘못이 아니라 입장(立場)의 잘못이다. 무엇이든 입장이 고정되면 말라 죽는다. 언어도 고정되면 말라 죽는다. 유연한 입장을 지니기 위해서라면 고정된 것에 흥미를 끊어라.

092
관념과 실감은 다르다

고통의 관념과 고통의 실감은 다르다. 인간은 무의식적으로 관념과 실감이 엇비슷하다고 전제하고, 이것에 따라서 다른 사람의 죄와 고통을 측정한다. 역사적 사실들을 평가하는 방식에도 자기 경험이 가미된다. 보편성이 있는 것은 아무것도 없다.

설령 동일한 사료(史料)도 개인의 가치관에 따라 중요하게 취

급되기도 하고 무시되기도 한다. 충동이 전혀 없는 인식적 평가란 인간에게 존재하지 않는다. 다만 본질이라고 하는 것에 더 가까이 가도록 자신의 체험을 객관화시키려는 노력이 뒤따를 뿐이다.

093
영웅 드라마는 풍자적이다

그대여, 그대가 고독할 때 아무에게나 쉽게 손을 내밀지 않도록 주의하라. 때때로 고독한 사람은 결코 손잡아서는 안 되는 자에게도 너무 쉽게 손을 내민다. 진정 고독을 즐길 줄 모르는 자는 고독에 처할 때에 자신을 먹어 없애고, 군중 속에 있을 때에는 군중에게 잡아 먹힌다.

그러나 '고독과 대중의 조화를 이룬 자'들은 '반신반인(半神半人, 반은 신인 사람, 영묘한 사람)'이 된 영웅과 인물 주변의 모든 것이 '풍자극(諷刺劇)'으로 변질한다는 것을 잘 알고 있다. 그래서 항시 타인의 욕망을 원하지 않고 자기 자신을 원한다.

그대여, 영웅 앞에서는 앞발만 내밀어라. 앞발 속에 그대의 발톱을 숨겨두고.

094
정열의 포월점

그대여, 격정적인 사랑이나 끓어오르는 의분(義憤)이 차올라서 흘러넘치게 되는 '정열의 포월점(包越點)'이 있다.

그릇에 물을 따를 때 '어느 순간'에 한방울이 더해지면 넘쳐 흐르기 시작한다. 이 한 방울의 물을 더하고 더하지 않고가 중요하다. 기껏 가득 물을 채우고 한 방울을 더하지 못해 포기한다면 얼마나 억울한 일인가.

유럽의 한 광산업자가 3킬로미터까지 광산을 채굴하다가 포기했다. 그런데 이 광산을 헐값에 산 사람은 겨우 1미터 깊이를

파내자 거대한 금매(金脈)이 나왔다.

그대여, 어떤 분야의 성공이든 재능과 기량 못지 않게 결실을 볼 때까지 꾸준한 인내가 더 중요하다.

095

삶의 시곗바늘

삶의 모든 순간은 나름대로 의미가 있다. 어떤 순간은 기념비적이었고, 어떤 순간은 하릴없이 무료했었고, 어떤 순간은 뒤돌아보고 싶지 않게 악몽이었다. 매년 봄, 여름, 가을, 겨울이 반복되어도 매번 새롭다. 맑은 날과 흐린 날의 교차에도 인생의 일기장에 이런 기록을 남긴다. '아픈 만큼 성숙해졌노라' 고.

어쩔 수 없이 쉬어야 할 시간도 삶이라는 교향곡을 잠시 반추(反芻)하는 기간이다. 어쨌든 '삶의 시곗바늘'은 어떤 순간이나 '재깍'거리며 저리도 즐겁게 돌아간다.

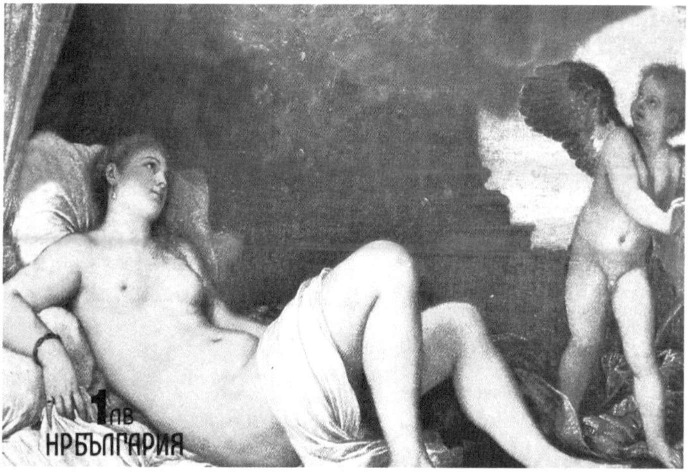

096

내용 있는 개념, 개념 있는 관조

인간은 온갖 관계들로 둘러싸여 있다. 이 관계들이 딱딱해지지 않고 부드럽게 유지되도록 항시 새로운 시도를 해야 한다. 내용이 없는 개념은 공허한 구호에 불과하고, 개념 없는 관조는 맹목으로 흐른다.

광장(廣場)에 개념이 사라진 구호가 난무할 때 대중은 이성을 잃는다. 관조만 가득하고 개념이 없는 수도원과 골방은 역사의 폐허가 된다. 소통과 실존을 위해 개념과 은유의 융합, 추상과 삶의 연결이 필요하다.

그대여, 이제 과학을 문학으로 읽고, 문학을 철학으로 읽으며 또 철학을 문학으로 읽자. 그러면 인간관계가 늘 말랑말랑하리라.

097

근본 의도를 망각하지 말라

거의 모든 일이 소기의 목적 달성을 위한 수단으로 시작되지만, 어느 순간에는 그 수단이 목적으로 굳어진다. 이런 오류를 벗어나도록 근본 의도를 잊지 않아야 한다. 잘 돼 가던 일이 마무리에 가서 왜곡 되는 것은 근본 의도를 망각해서이다. 무슨 일이든 시작보다 마무리가 좋아야 하는데 이를 위해 상황이 좋아지든 나빠지든 초심을 간직해야 한다.

그대여, 그대가 결혼할 때, 아이를 가졌을 때, 그 아이가 자라나서 입학할 때, 처음 출근할 때, 처음 우정을 시작할 때 등 온갖 '처음' 의 의도는 무엇이었는가.

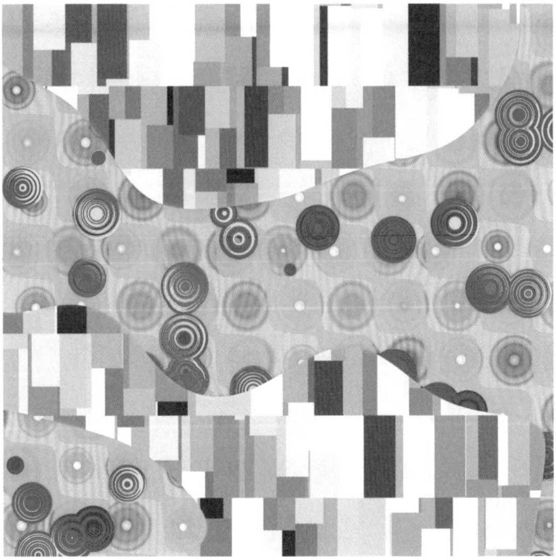

098

거짓 이타심, 진정한 이타주의

그대여, 타인을 돕고자 하는가. 온전한 타인의 고유성 안에서 도와라. 개인의 고유성을 무시하고 돕는 것은 자기 연민 때문에 출발한 이기적 행동에 불과하다. 물이 필요한 사람에게 소금을 주어선 안 되는 것처럼 '내가 좋다고 상대도 좋아하리라'는 생각은 그대의 오만이다. 곧 타인의 행복과 불행을 내 방식대로 가정할 때 연민(憐憫)은 게으르고 뻔뻔한 이기주의의 한 형태에 불과하다.

그대여, 타인의 아픔을 동정하는 대신 그 아픔 앞에 수치심을 가져라. 이기적인 연민은 상대의 아픔에 대해 '나는 연루되어 있지 않고 아무 책임도 없다'는 시선의 폭력이다. 선하고 순진한 자의 뻔뻔한 가명이 연민일 뿐이다. 그대가 타인의 아픔을 보고 그 아픔은 단절된 것이 아닌 특권을 향유하는 무리와의 사이에 연결고리가 있다는 깨달을 때 수치심이 작동한다. 수치심이야말로 인간이 자기완성을 추구하는 고결한 감정이다.

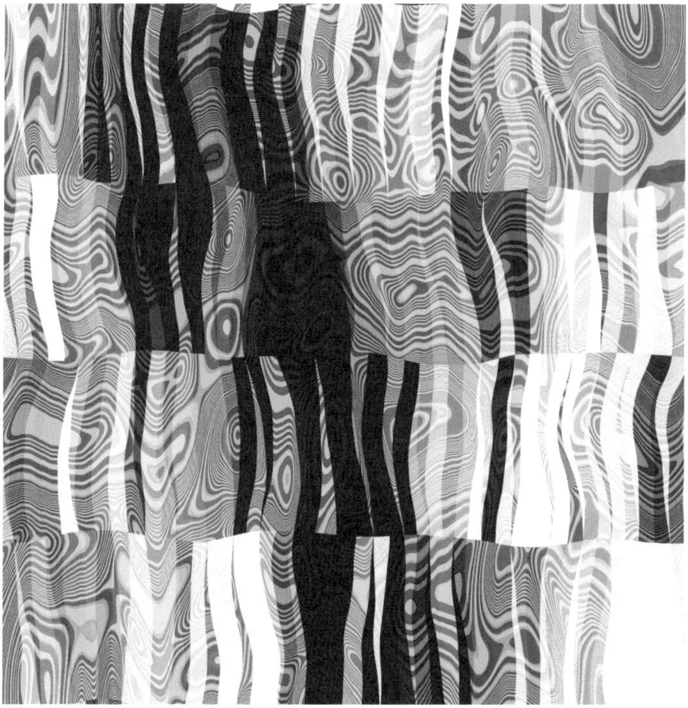

099

미래 철학의 핵심

미래 철학은 이렇게 말한다. '내 판단은 내 판단이다, 이것에 타인은 쉽사리 권리를 가질 수 없다, 이제 다중(多衆)과 일치하려는 나쁜 취향에서 벗어나야 한다.'

그대여, 타인의 취향을 내게 부과하지 말고, 내 취향을 타인에게도 부과하지 마라. 인간은 누구나 우연히 고유하게 된 잠재력을 충분히 실행할 권리가 있다. 다중의 위력에 눌려 변신을 외면하는 한 소멸은 필연이다. 사람마다 우연히 주어진 삶의 모든 조각을 긍정할 때 비로소 미래 가치를 만들어가기에 적합한 용기를 가진다.

100
위선자와 위악자

인간의 본성은 편의상 '악마가 만든 천사'와 '천사가 만든 악마' 두 부류로 비유할 수 있다. 겉은 선하고 아름다운 천사의 모습이지만 그 속은 악한 본성이 도사린 위선적(僞善的)인 자들은 여성적이다. 반면 겉은 악하고 거칠어 보이나 선한 본성을 품고 있는 위악적(僞惡的)인 자들은 남성적이다.

위선자들은 말벌처럼 어디에서 무슨 일을 만나든 냉정하게 바라본다. 그러나 위악자들은 위선자의 행태를 알면서도 감싸고, 참고 견디는 것을 넘어서 위선자를 이해하며 사랑하기까지 한다.

101
아무리 가까운 사이라고 해도

아무리 가깝고 서로를 잘 아는 사이라고 해도 간혹 새로운 모습에 놀라는 적이 많다. 물론 상대가 변하고 나도 변하기 때문이기도 하지만, 그보다는 자신이 의식적으로 다 드러내려 해도 드러낼 수 없는 잠재된 부분이 많기 때문이다.

인간이란 그런 존재이다. 마치 빙산의 일각 같은. 얼음 덩어리는 물 위에 10퍼센트만 떠 있고, 남은 90퍼센트는 물 아래 잠겨 보이지 않는다. 인간도 그렇다. 그러니 한 사람을 온전히 평가하기가 쉽지 않다. 자신조차도 자신의 의식 수면에 떠오르는 충동을 내밀히 바라보며 내심 당황할 때가 있다.

그러나 우리는 서로를 평가해야 관계를 맺는 방식을 결정할 게 아닌가? 방안은 이렇다. 상호 간의 이권(利權)이 없는 사이는 보이는 대로 가벼운 관계를 맺되 이권이 개입된 사이는 개인의 본질에 대한 판단은 유보하고, 습관과 취향을 중심으로 면밀하게 파악한다.

102

왜 우리의 수다는 험담이 가득할까

누구나 '남을 위해 살아야 한다'고 말은 한다. 하지만 우리가 나누는 대화의 많은 부분은 뒷담화이다. '누가 어쩌고, 저쩌고……'라며 대부분 타인의 흉을 본다. 심지어 이런 식의 분풀이를 하고자 수다를 늘어놓을 대상을 찾기도 한다. 왜 우리들의 대화가 이렇게 진행될까? 이는 결코 수다 당사자의 어리석음 때문은 아니다.

모름지기 인간은 누군가를 비난하면서 은연중 자신의 의(義)와 지(知)를 과시하는 힘을 느낀다. 또 인간은 외로울 때 누군가

의 작은 호의도 큰 힘이 되는 것처럼 작은 험담이라도 털어놓는 것을 생활의 활력소라고 여기는 경우가 있다. 그러면서도 타인을 흉보는 것이 취미라고 고백하지는 않는다. 물론 스스로도 '나는 다른 사람에게 혀로 총알 세례 퍼붓는 것을 즐기고 있다'고 인정하는 경우도 흔하지 않다.

103
다른 꿈을 향해 적극적으로 살아라

모든 인간은 꿈을 꾼다. 자기 미래에 대해 계속 꿈을 꾸고, 그 꿈에 또 다른 꿈을 더해 나간다. 미래를 향한 자신의 행진을 멈춰서는 안 된다. 난관에 부딪힐 때마다 대안을 찾기 위해 잠시 행진을 쉴 수는 있지만, 미리 또 다른 장벽까지 걱정하며 멈출 수는 없다.

작은 성취에 도취해서도 안 된다. 자칫 자신을 하찮은 존재로 비하(卑下)할 때에 소소한 어려움에도 좌절하고, 작은 성공 앞에서 우쭐거리며 안주해버리고 만다. 자기를 비하하고 부정하는 것은 자신의 꿈을 축소하고 스스로 행동을 얽어맨다.

그대여, 어떤 꿈을 행해 나가더라도 먼저 자신을 존귀(尊貴)하게 생각하는 것으로부터 시작하라. 자기 비하는 옹졸한 자신을 만들지만 자기 존귀는 유능한 자신을 만들어 낸다.

104
행복을 찾아다니지 말라

그대여, 행복이 어디에 있는지 찾아다니지 말라. '행복 찾기'는 인간을 지치게 한다. 행복을 준다는 종교와 철학의 손짓도 무시하라. 행복한 세계로 오라고 손짓하며 부르는 자마저도 정작 행복이 무엇인지 모른다. 게다가 자신도 행복하지 않으면서 행복한 체 '미끼'를 던진다.

그대여, '행복의 미끼'를 잡지말고 자신을 발견하고 완성할 수 있는 일을 배우라. 행복은 자기 발견과 완성의 도정(道程)에서 오는 부산물이다. 이곳저곳 다른 곳에서 '행복의 파랑새'를 찾지 말고, 지금 그대가 서 있는 곳을 두려움 없이 깊이 파라. 탐욕스러운 자들은 아래에 지옥만 있을 뿐이라며 속이고, 어리석은 자들은 그 거짓 선동에 넘어간다. 그러나 자기의 선 자리를 깊이 파면 그곳에 자신에게 걸맞는 '행복의 샘물'이 흐른다.

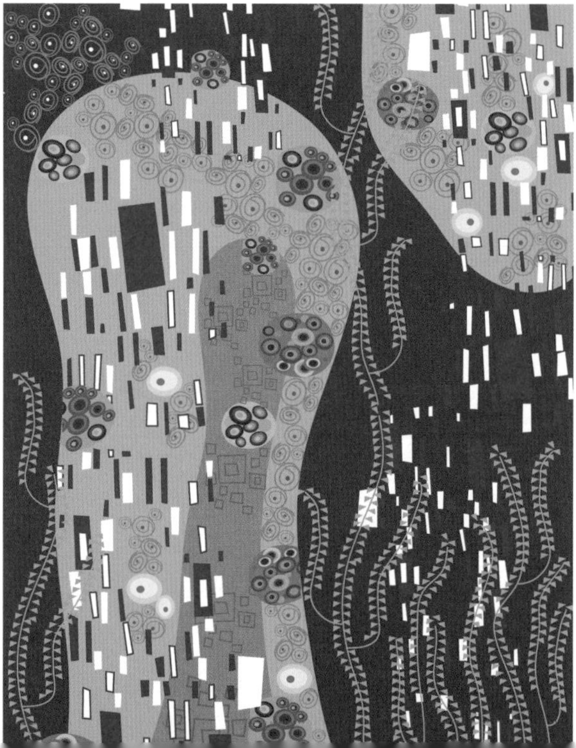

105

과거도 오늘처럼 요동치고 있었다

세계는 요동치고 있고 우리도 동요한다. 그러나 이것을 불안의 이유로 삼을 필요는 없다. 복고주의(復古主義)에 빠질 필요도 없고, 새로이 얻은 것을 무시할 필요도 없다. 언제나 과거는 빛바랜 흑백사진처럼 아련하다. 하지만 실상 과거에도 오늘처럼 요동치고 있었다. 우리는 이미 배를 타고 강을 건넜고, 또 그 배를 불살라 버렸다. 이제 더는 건너온 강 저편으로의 회귀는 불가능하다.

그대여, 어찌하려는가? 이제 다른 도리가 없이 용감해져야 하고 앞으로 전진해야 하지 않겠는가.

106

아폴론과 디오니소스

그리스 신화에 나오는 아폴론은 태양의 신이며 디오니소스는 축제와 포도주의 신이다. 이처럼 서양 문명이 두 기둥은 아폴론적인 이성주의와 디오니소스적인 감성주의이다. 아폴론적 이성주의는 플라톤이 확립한 이원론적 세계관인 이데아(Idea)와 아리스토텔레스가 확립한 '자연철학적 합리주의'이다. 이것이 기독교의 이원론(천당/지옥, 구원/유기, 하나님/악마, 축복/저주 등)인 것이다.

원래 서양의 고대 예술은 종교의 원천인 디오니소스적 감성주의가 강했다. 그러나 아폴론적 합리주의가 들어 오면서 지나친 이원론에 빠져버렸다. 서양 문명의 위기를 벗어나려면 아폴론적인 이성적 합리주의와 디오니소스적인 영감적 감성주의를 합치(合致)해야 한다.

107

춤추는 생각

교육은 없는 것을 만드는 것이 아니다. 이미 각자의 내면에 잠재된 가능성을 끄집어내도록 이끌어 주는 것이다. 삶과 나 자신이 교육의 대주제가 되어야 하며 세계관(세상을 보는 시각)과 비판적으로 탐구하는 정신, 그리고 글을 쓰는 법을 가르쳐야 한다. 어떤 일에 대해 다양한 관점을 적용할 줄 아는 능력의 배양은 비판적 사유력의 증대에서 비롯된다. 학습자는 어떤 자극에 즉각적으로 반응하려는 본능의 결정이나 특정 방식으로 반응시키려는 외적 강제로부터 자유로워지는 법을 습득해야 한다.

탐구하는 정신이란 '춤추는 생각'이다. 편견과 내외(內外)의 강제로부터 벗어난 생각은 자유롭게 춤을 춘다. 자유로운 생각이 하나의 춤이듯 최고의 글쓰기는 최소한의 기호로 풍성한 의미를 전달하고 예술적 감격을 전해 준다.

108

닫힌 문명의 울타리를 부숴라

모든 사람에게 최대한의 자유를 허하라.

닫힌 문명은 모든 사람에게 허다한 규제를 가하여 최소한의 가

능성만 겨우 열어두려고만 한다. 규제가 많을수록 선택의 폭이 좁기에 당장은 고민 없이 가벼운 마음이다. 그러나 경륜이 쌓이고 폭넓은 선택의 기회를 얻고자 하면 마음도 무거워진다. 인간은 어떤 일을 할 때 규제에 의해서가 아니라 자신이 원해서 열중해야 싫증을 느끼지 않고, 결과에 대해서도 책임을 기꺼이 감수한다.

독재자들은 대중의 조건 없는 복종을 위해 개인들의 자유로운 열망이 발산하지 못하도록 울타리를 치고 획일화시키고자 한다. 그 결과 맹목화된 대중은 개성을 포기하고 '군인의 마음가짐'으로 가벼워질 수 있다. 그러나 각성한 개인들이 나타나면 대중은 맹목적 제자(弟子)의 무거움을 느끼며 울타리를 부수기 시작한다. 곧 개별자의 총합이 전체의 변화를 초래한다.

109
작은 이성, 큰 이성

자기의 이성, 그것은 사자가 먹이를 탐하듯 앎을 갈구하는가? 자기 이성이란 궁핍함이며 가련한 자기만족일 뿐이다. 금실로 짠 양가죽 같아서 회초리는 막을 수 있지만, 바늘을 막지는 못한다. 촛불 아래의 그림자와 같아서 주위는 조금 밝게 비출 수 있지만, 먼 곳과 자기 아래는 조금도 밝힐 수 없다. 통상 이성이라 불리던 정신은 작은 이성에 불과하다. 작은 이성이 육체와 의지와 합친 신체이며 신체야말로 '큰 이성'이다. 이제부터는 작은 이성이 아닌 큰 이성을 따르라.

110
정신은 신체의 전령

일상에서 전통적으로 이성이라 불렸던 '작은 이성'은 육체를 배제하고 '힘에의 의지'를 간과했다. '작은 이성', 즉 생각하는 나와 순수사유(純粹思惟), 지성 등은 '큰 이성'의 메아리에 불과하다. 그러므로 중요한 것은 '큰 이성'인 신체이다.

왜 그토록 신체가 중요한가? 신체란 지(知), 정(情), 의(意)를 포괄한 관점적(觀點的) 존재이다. 신체는 관점을 결정하는 의지인데 순수 사유행위도 이 의지에서 벗어날 수가 없다. 인간의 총체성을 창조하는 신체, 그것이 자기 전령(傳令)의 하나로 정신이란 것을 창조했다.

111
자유에 대한 바른 이해

인간다운 것을 창조하는 창조자인 신체의 목적은 자유이다. 신체의 목적은 인간의 목적이고 존재의 이유이다. 자유를 방종이나 일탈로 오해하지 말라. 자기 내키는 대로 하는 행위는 본능의 노예가 하는 짓이다. 신체가 원하고 신

체에 좋은 자유란, 상충되는 본능의 욕구들을 새로운 목표에 집중하기 위해 조율하는 능력이다. 자유는 능력이지 충동의 현실화가 아니다.

자유는 항시 쉽게 얻을 수 있는 것이 아니다. 저열한 욕구에 대한 저항을 극복한 사람에만 주어지는 특권이다. 신체는 자신의 목적인 자유라는 특권을 갖기위해 이성과 감각기관을 동원한다. 우리 신체의 모든 기관은 자기극복의 삶을 영위하는 방식으로 존재한다.

112

오류 없는 인생

오류(誤謬)가 없는 인생은 불가능하다. 인생의 오류는 삶의 한계가 아닌 삶의 조건이다. 그렇지만 끊임없이 오류를 줄이려고 노력해야 된다. '바늘 도둑이 소도둑 되고, 일찍 일어난 새가 벌레를 잡는다'는 말이 있다. 즉 매일매일의 사소한 습관이 오류를 늘이거나 줄이는 데 결정적이다.

성공과 실패도 마음의 습관에 달려 있다. 불평과 원망을 입에 달고 살았다면 오늘부터라도 주위 사람들에게 열 번 정도만 즐거움을 주는 말을 해보라. 자기의 마음도 치료되고 주위 사람들도 밝아진다. 설령 오류가 불가피하다고 해도 절대로 삼가야 할 것이 있다. 어쩌다 눈이 올 것 같다고 예측했는데 연거푸 세 번 들어 맞으면 예언의 능력이 있다고 믿어 버린다.

이럴 때 기괴한 종교적 허영심이 생기고, 이를 주위에서 부추기며 교주처럼 된다. 이런 오류야말로 인간 정신을 타락시킨다.

113
복수의 심리구조

노예들의 도덕적 반발이 르상티망(ressentiment, 앙심 · 반감 · 원한의 복수심)이다. 예수와 바울의 유일신 신앙에 근거한 종교도 여기서 생겨났다. 복수 의도는 격렬한 열병의 발작에 사로잡히는 것이지만 이 발작은 지나간다. 그러나 복수를 실행한 용기와 힘이 없음에도 복수 의도만 지니고 있으면 만성 열병과 같다.

만일 어떤 유약한 사람이 어느 종족, 이념, 개인에게 계속 증오심만 품고 있어야 한다면 자신도 모르게 증오 대상과 거꾸로 된 쌍둥이를 낳게 될 것이다. 그것이 곧 가치전도(價値顚倒)이다.

114

천국은 르상티망이 낳은 쌍둥이

천국 사상이나 선민(選民)사상은 이 땅에 발을 딛고 현실에 짓눌리면서도 돌파할 자신이 없는 사람들이 만든 도피적 열망이며 자위적 상상이고 노예적 윤리이다. 르상티망(ressentiment)이 현실의 반응체계에서 행위가 거부될 때 가상적 복수를 통해서만 스스로 보상받는다. 고귀한 도덕은 자신을 긍정하며 긍정한 자신을 성공적으로 펼쳐나간다.

'노예도덕(지각이 없는 군중의 도덕)'은 이와 반대로 '굴종해야

만 하는 종의 논리'이다. 근본적으로 반작용에서 출발한다. 따라서 노예적 르상티망을 지닌 인간은 자기에 대한 개방성과 신뢰를 가질 수 없으며 그의 영혼은 쉼 없이 곁눈질만 일삼는다. 종교의 천국 사상은 힘겨운 자들에게 이 땅의 삶을 견디는데 위안을 주면서 노예로 만들었다.

115

제도와 법률, 문화가 의미를 지니려면

인간은 삶과 죽음 사이에서 생성과 몰락을 끊임없이 교차하는 존재이다. 이것만이 인간 생명에게 중요하며 사후 세계란 언급할 가치도 없다. 생의 노상에서 반복하는 생성의 회귀는 자기 구원의 주체가 되려는 사람들에 의해 이루어진다. '인간학(Anthropologie, 인간성의 본질)'이 곧 철학이며 신학은 인간학의 지도를 받는 학습자여야 한다.

구원과 천국, 극락도 피안에서 이루는 이상 세계가 아닌 삶의 한복판에서 이루어야 할 과제이다. 세상의 제도, 법률, 문화 등은 인간의 생명력과 생태의 존재 가치에 봉사할 때 의미가 있다.

116
선악의 기준

선악(善惡)은 그 행위가 존재의 자연스러움을 '고양하느냐, 죽이느냐'는 인과관계(因果關係) 속에서 결정된다. 즉 어떤 신(神)이나 권력자, 또는 법률가가 결정하는 것이 아니다. 지금까지의 도덕은 비판을 허용하지 않고 굴종(屈從)만을 강요했다. 그런 종류의 도덕일수록 도덕적 감정의 충동질에 능수능란하다. 어떤 도덕이 비판에 취약하다면 그만큼 감출 것이 많고 일방적이며 위선적이다. 그때에 우리는 도적의 가치 평가를 멈추고 물어야 한다. '왜 굴종해야 하는가?'

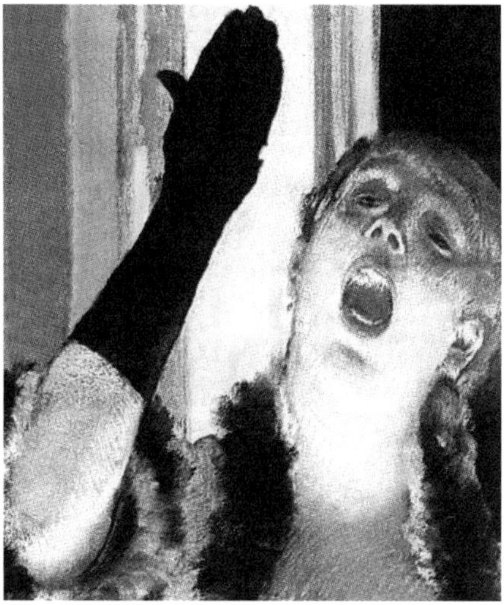

117

소유와 자유

적당한 소유가 인간에게 자유를 준다. 너무 궁핍해도 실제 자유를 누리기 어렵다. 반대로 소유가 지나치면 오히려 소유가 인간을 지배하며 결국 인간은 과대한 소유물의 노예가 된다. 가령 큰 부자가 가난한 자의 재화를 탈취했다고 하자. 가난한 자는 부자가 자기 모든 소유를 빼앗아갔다며 악독한 자라고 분노한다. 부자는 가난한 자에게 강탈한 재화 정도가 소소하다며 대수롭지 않게 여긴다. 이렇게 부자와 가난한 자의

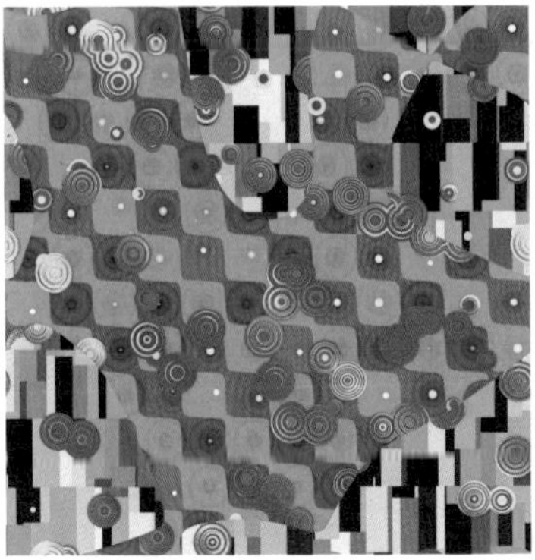

심정은 다르다. 이미 큰 부자는 자신의 거대한 소유물의 종이 되어 다른 사람들조차 소유물아래의 예속자로 본다.

지나치게 많은 것을 소유한 자들이여, 그대의 소유가 그대를 괴롭히는구나.

118
골방에서 사색하고, 대기 속에서 생활하라

오늘도 내 손가락은 어린이처럼 우연(hasard)이라는 곱슬머리를 만진다. 아이처럼 우연을 달래고, 반갑지 않은 우연조차도 영민하게 달래며 반긴다. 더이상 나는 고슴도치가 아니니 이제 운명에 대해 가시를 세우지 않겠다.

세상의 수많은 일 중 인과관계나 논리로 설명이 안 되는 일들을 아리스토텔레스는 '조건적 우발(contingent)'이라고 했지만, 나는 '우연'이라 명(命)한다. 우연 속에 생명 있는 존재의 자유가 무한하다. 우연이 빈발하는 세계에서 우울증은 개념적 작업에만 몰두하면서 나타난다.

그대여, 정신의 건강을 위해 일시적인 사색은 골방에서 하고,

생활은 광활한 대기 속에서 하라. 특히 술을 멀리하고 선량하며 명랑한 감정으로 우연을 즐겨라.

119
남녀성의 중성화

언제나 '진짜'는 드물다. 남자다운 남성이 드문 탓에 여자는 남성화 되고, 반대로 여자다운 여성이 드물어져 남자도 여성화 된다. 여자다운 여성만이 남자다운 남성을 구제할 수 있다. 마찬가지로 남자다운 남성이 여자다운 여성과 어울릴 수 있다. 그러나 '여자답고', '남자답고'가 사라지면서 여성과 남성이란 단어조차 사라질 날이 멀지 않았다. 차라리 이것을 다행이라 해야 할까, 불행이라 해야 할까.

120
일상의 지혜

그대여, 일상의 지혜는 두 가지면 충분하다.

첫째, 고슴도치가 되지 마라. 사소한 일마다 일일이 신경을 곤두세우는 짓은 고슴도치나 하는 일이다. 고슴도치의 모습을 기억하라. 대국적(大局的) 관점을 갖지 못하고 사사건건 참견하다 보면 매사 결말이 고슴도치처럼 웅크리는 것으로 끝난다.

둘째, 너무 높은 곳에 오르려 하지 마라. 세상이 가장 아름답게 보이는 곳은 중간지대이다. 일상적으로 주변에서 일어나는 소란에도 웅크리지 마라. 여러 소란을 묵묵히 지켜보기만 해도 자신의 지혜 위에 갑옷을 입는 것과 같다. 지혜의 목적은 공연(公演)이 아닌 성취이다.

121
춤추는 별을 낳으려면

그대여! '춤추는 별(tanzenden Stern)'을 낳고 싶은가. 자신의 내면에 '혼돈'을 가져라. '중력의 정신'을 자처하는 성자는 결코 춤추는 별을 잉태할 수 없다. 현명한 인간은 내면에 풍부한 모순을 지니고 경쾌하게 걷지만, 성자는 제자리에서만 움직인다.

우리는 성자가 아니며 사람의 형식을 전적으로 정체시키는 성자를 싫어한다. 우리는 각자 삶의 속도와 깨달음의 속도가 저마다 다르다. 확고한 부동성이 결여된 모순을 두려워하지 않고 혼돈을 즐기지만, 혼돈에 휩싸이지 않는다. 모든 혼돈의 한가운데 장엄한 순간이 있고, 중심의 생성을 반복하는 우리 안에 최고의 우연이 있다.

122
신념과 미소

중년의 나이를 넘긴 사람은 인생이라는 '갈색 바다' 위를 떠돌아다니며 온갖 선악을 이미 맛보아 알고 있다. 더는 지칠 것도 없고 실망할 것도 없게 된다. 영혼의 혓바닥도 온갖 깊이로 가라앉는다. 여기에 조금도 지치지 않고 마치 코르크처럼 다시 인생의 바다 위로 떠오르는 자야말로 생이 지속할 때까지 삶의 찬가를 부린다.

우리는 왕이 아니다. 하지만 신념을 지닌 왕자와 고소한 미소를 짓는 공주 사이에서 태어났다. 이름이 '온갖 지혜의 탐닉자'인 우리의 삶의 원동력은 '신념과 미소'이다. 그 두 가지만 있으면 흔들리는 갈색 바다에서도 부표처럼 즐겁게 부유(浮游)하며 끄떡이고 있다.

123
존재의 심연에서 웃어라

조물주가 천지창조를 시작한 지 이레째 되는 날 지쳐 앉아 있었듯이 나도 산마루 아래 나른하게 앉아 있었다. 머리 위로 구름처럼 하나의 진리가 흐르더니 벼락을 친

다. 내가 아주 어렸을 적에 악마가 꼬드겼던 말이 떠올랐다

'신에게도 지옥이 있다. 그 지옥은 인간에 대한 사랑이다.'

그리고 요즘 악마는 이렇게 말한다.

'신은 죽었다. 인간을 만들고 에덴동산에서 인간을 추방한 그 신은 인간에 대한 동정 때문에 죽었다.'

이제 피안(彼岸)의 열망은 공수표가 되었으나 차안(此岸)에서 약동하는 삶을 살 수 있게 되었다. 이것이 존재의 심연에서 웃는 미래의 인간이다.

124
그대는 주고, 또 주어도 차고 넘치는 부자이다

그대는 부자이다. 주고 또 나누어 주어 그대의 부유(富有)를 비우고 싶어도 그대 자신이 차고 넘치는 큰 부자인데 어이해야 하나! 그대는 의욕(意欲)할 수 있는 존재이고, 자신이 바라는 것은 무엇이나 할 수 있고, 큰 사랑으로 자신을 사랑하니 어찌 큰 부자가 아니랴! 자기 의지로 모든 귀의(歸依)를 떨쳐버리고 신앙적 회심(悔心)을 비웃는 자들은 모두 큰 부자들이다. 이런 부유는 나눠줄수록 더욱 부유해진다.

그대 부자여, 부디 현명할지어다. 어중간하게 절반만 의욕 하

지 말고 무위(無爲)와 행위(行爲)를 교차해가며 나아가라. 먼저 차고 넘치는 그대 자신을 불모의 땅에 내주어라. 설령 그대에게 아무도 찬사를 보내지 않더라도 그대의 지혜를 베푸는 누구에게나 그저 감사를 드려라.

125
우정의 균형

우정의 균형을 이루고자 한다면 서로 자기 접시저울의 저울판에 서운한 무게를 적게 올려놓아야 한다.

벗은 어디까지나 제삼자이다. 그러니 가끔 '우정의 손수건'을 나태(懶怠)라는 실로 짜보라. 그 여유 속에 친밀감이 우정의 손수건에 스며든다.

벗이란 나와 나 자신과의 대화가 외곬수라는 광풍에 휘말리지 않도록 막아주는 방풍림이다. 그렇다고 우정이 모든 것을 보고 이해하기 위해 강요는 것은 아니다. 그 대신 추측과 침묵에 능통해야 우정이라는 것이 세상에 존재할 수 있다.

126
미궁 속으로 거침없이 들어가라

가끔씩 긴 여행을 떠나라. 홀로이 낯선 곳의 모험을 즐기며 과묵한 탐구자가 되어 보라. 폭풍이 몰려오는 바다를 향해 영민하게 돛을 달고 항해해 본적이 있는 자들은 연역(演繹)을 증오하고 추리(推理)를 좋아한다. 누가 인생의 수수께끼를 푸는 자들인가? 안주하는 자들의 손은 그리스 신화 속 테세우스처럼 한 줄의 실을 더듬거리며 미궁 속으로 거침없이

들어가는 자들이다. 이들의 기호(嗜好)는 '여명(黎明)의 맛'이다. 그것을 바라고 즐거이 어둠을 걷는다.

127
저비용, 고효율을 낳는 지혜

사소한 것으로부터 많은 것을 만들어내는 사람도 있고, 많은 것을 가지고도 사소하게 만드는 사람도 있다. 고비용을 들여 고스펙을 갖추고서도 저효율의 삶을 살기도 하는 반면에 어떤 사람은 일상적인 경험만으로도 삼모작하는 농부처럼 꾸준히 고효율을 창출해 낸다.

저비용으로 고효율의 성과를 내는 사람들에게는 공통 특징이 있다. 자신의 지식과 사상을 '차가운 얼음' 위에 놓아둔다. 이런 사람들이 논쟁의 뜨거운 열기를 견뎌낸다. 거기서 나온 지혜야말로 기하급수적으로 과실을 산출해 낸다.

128
그대의 운명을 사랑하라

삶의 심연을 들여다보려면 용기가 필요하다. 존재의 심연을 들여다볼 때 누구나 고통스러운 현기증을 느낀다. 이때에는 용기가 그 현기증을 죽인다. 피상(皮相)적으로 아름다웠던 삶도 심연을 보았을 때 괴물인 경우가 많다. 이때의 용기는 동정조차 죽인다. 동정은 동업자들이 가지고 있는 가장 깊은 심연이다.

인생은 깊이 들여다볼수록 그만큼 고뇌가 더 깊어진다. 이런 깊은 고뇌의 치료제가 '운명에 대한 사랑(amor fati)'이다. 즉 인생의 심연이 그대들을 향한 하나의 요구가 '아모르 파티'이다. 이 요구를 받아들인 자들은 자기 인생을 자축한다.

'아! 이게 인생이었구나…… 브라보, 다시 한 번 내 인생이여, 브라보!'

이처럼 용기는 '인생의 죽음'까지도 살해한다.

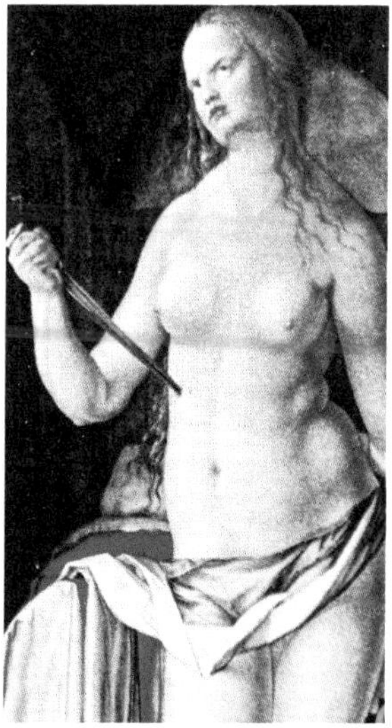

129
강자와 약자

그대여, 과연 누가 강자이며 누가 약자인가. 자신의 욕망에 충실한 자가 바로 강자이다. 타인이 작곡한 리듬을 따라 사는 자, 그가 약자이다. 곧 '마술피리'에 따라 춤추는 코브라는 약자이고, 자기가 가고 싶은 대로 기어가는 지렁이는 강자이다.

강자는 자신이 원하는 삶을 산다. 하지만 약자는 타인의 '입맛'에 맞춰 살아간다. 또 강자는 약자의 삶에 별다른 관심이 없다. 그러나 약자는 강자의 삶을 훔쳐보며 뒷담화를 한다.

강자가 약자와 교류하려면 너그러워야 하지만 약자가 강자와 교류하려면 어색함을 견뎌야한다. 강자는 궁극적으로 자신을 긍정하는 사람이며 약자는 무리들에게 추앙받지 못하면 한시도 견디지 못하는 위인들이다.

130
회개 후의 일들

회개는 망각을 위한 것이 아닌 개선과 성숙을 위한 것이다. 잘못을 저지른 사람은 참회한 후 쉽게 잊어버려도 상처가 있는 상대는 쉽게 잊지 못한다. 진정한 회개는 잘못으로 인해 빚어진 상처의 치유까지 도와주는 것이다. 그리고 상

대에게 왜 상처를 품고 있느냐고 탓하기 전에 자신의 과오를 반복하지 않도록 해야 한다. 같은 잘못과 회개를 동일한 대상에게 세 번 이상 반복한다면, 그 회개는 세상이 잠든 한 밤중에 혼자벌이는 쇼에 불과한 것이다.

131
내 역사의 한 페이지마다

역사는 명사(名詞)가 아니라 동사(動詞)이다. 도서관의 장서(藏書)에 적힌 것은 역사가 아니라 흔적이다. 흔적과 오늘이 연결되어 동향(動向)을 만들어 내는 것이 역사이다. 따라서 거시(巨視)적인 관점에서 역사적 정당성은 미시(微視)적인 관찰을 통해서만 획득할 수 있다. 오늘의 역사는 개인들이 만든다. 곧 개인이 빠진 역사는 성립할 수 없다.

그대여, 자신의 역사를 어떻게 써 나가려는가? 나는 내 역사의 한 페이지마다 이렇게 써 내려갔다. '태풍을 만나면 함께 나는 법을 배웠고, 역풍을 만나면 이용하는 법을 배웠노라'고.

132
이별은 '다른 기대'를 갖는 마음이다

긴장감이 있고 흥미로운 '사랑의 드라마(drama)'가 가능한 이유는 저마다 '정념의 템포(tempo)'가 다르기 때문이다. 즉 사랑을 다룬 드라마에서는 '정념의 템포'가 더 빠르게 돌아가는 사람의 애간장이 타게 되어 있다. 평소 템포가 느린 사람도 가끔씩 빨라지는 때가 있는데, 이때는 두 사람의

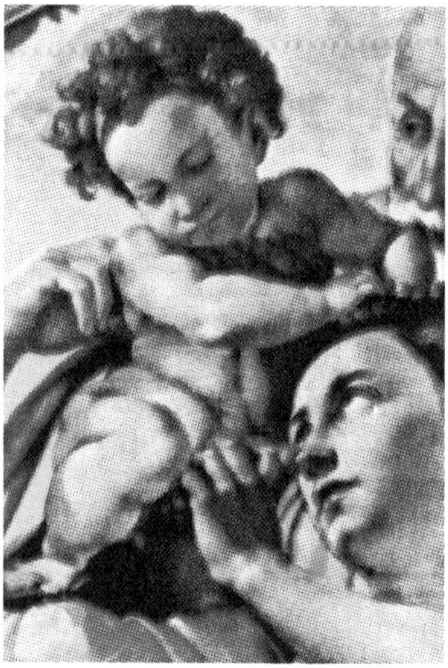

템포가 비슷해지며 '애정의 격류'가 일어난다. 그러나 템포의 속도가 다시 제자리로 돌아오면 격정이 가라앉는다.

그럼에도 불구하고 사랑을 격정으로만 끌고 가려 한다면 사랑 자체가 격정적으로 마무리된다. 이별은 헤어지는 순간이 아니라 이미 서로에게 '다른 기대'를 갖기 시작하는 그 마음이다.

133

사랑은 사람을 변화 시킨다

사랑은 두 사람의 연인 관계를 변화 시킨다. 오직 사랑하는 상대를 위해서 여자는 화장을 하고, 남자는 멋을 부린다. 언어도 '화장'을 하여 평소에는 하지 않던 곰살맞은 표현을 하기 시작한다. 연인을 바라보는 눈빛조차 '화장'을 하고는 연인에게서 누구도 보지 못한 '좋은 면'을 찾아내는 반면에 누구나 다 알고 있는 '나쁜 면'은 보지 못한다. 또한 성품조차 화장을 하여 최소한 연인의 눈앞에서라도 칭송받는 태도를 취한다.

그대여, 어떤 화가가 고고하게 '사랑의 화장'을 한 연인의 모습을 가히 그려낼 수 있으랴.

134

그대여, 평범하게 살아라

그대여, 평범한 사람이 되어라. 평범하게 사는 것, 그것만이 영속(永續)적이다.

평범한 일상은 전파력과 지구력이 강하기 때문에 바로 미래에 살아남는 인간들의 모습이다. 도리어 이례적이고 특별한 사람일수록 평범한 사람들을 의지한다. 즉 '특별 계층'이 '일반 계층'에게 기생하는 것이다. 통치자들이 평범한 사람들에게 친절하게 대하는 이유도 착해서가 아닌 명백하게 의존하고 있기 때문이다.

135
인생은 열정이 낳은 필연이다

인간의 운명은 예정(豫定)이 아닌 필연(必然)이다. 만약 모든 운명이 예정되어 있다면 인생(人生)을 예정한 신(神)이 있어야 한다. 인생을 예정한 전지전능한 신이 있다고 가정해 보자. 이때부터 인간은 세상을 살아가는 데 어떤 책임도 질 필요가 없는 존재가 된다. 모든 책임은 반드시 인간의 삶을 예정한 신이 져야 한다.

또한 인간은 로봇과 같은 존재가 되어 굳이 주체적으로 노력할 필요가 없어진다. 삶속에서 인간 스스로 노력하고, 또 책임을 지는 존재가 되려면 어떤 신도 존재해서는 안 된다. 때문에 예정은 우주 가운데 존재하지 않고 오직 필연만이 남는다.

필연성의 탄생 과정은 다음과 같다. 열정이 습관으로, 또 습관이 논리적 의식으로 공고(公告)해진다. 논리적으로 의식화된 열정은 모든 차이와 변덕에도 불구하고 의지의 자유로 필연을 낳는다.

136
살아 있는 긍정의 원칙

그대여, 존재의 모든 양상은 그 자체로 필연적이다. 이 필연성을 있는 그대로 즐거이 보는 법을 배우라.

사물의 본질에 미추(美醜)는 없다. 아름답게 보는 사람에게는 추하지 않고, 부정으로 보는 사람에게는 추하다. 그러므로 본질적 '존재 양상(presence aspect, 실제로 있는 사물이나 현상의 모양이나 상태)'에 대해 언제나 '예'라고 말하라. 그것이 삶을 감미롭게 해줄 근거와 보증이다.

만약 내가 '존재 양상'을 추하게 보면 추한 것과 나는 전쟁을 벌여야 한다. 그러나 추한 것을 참아 내는 것도, 또 '추하게 보

는 자'도 견디기 어렵다. 여기에서부터 '죄의식, 원망, 증오, 허무주의' 등이 나온다. 이런 '부정의 병리현상'은 필연성을 있는 그대로 즐거이 보는 '궁극적 긍정'으로만 치료할수 있다.

137

자기에게 휴식을 주어라

왜 현대인들은 바쁜 삶을 사는가. 과거에 비해 유용한 기계가 많은 데도 왜 '피로 사회'가 되었는가. 고대인의 생활 환경은 자연환경과 거의 일치했다. 모든 일상이 자연과 같이 돌아갔고, 자연스러운 자극으로 가득했다. 반대로 현대인은 감각적 흥미와 더 빠른 자극으로 인간의 정서를 분열하는 문화에 노출되었다. 이것이 '속도 사회'이며 감각을 분산시켜 몰입을 방해하고, 정신 분열까지 초래한다. 누구도 쉽사리 '자극 문화'를 벗어나기 어렵다.

자극적인 문화에 중독된 현대인들이 제일 견디기 힘든 것이 '깊은 권태'이다. 만일 권태(倦怠)를 즐길 수 있는 힘을 기른다면 '속도 사회'의 허점을 보완해서 승리자가 될 수 있다. 그러므로 자극적인 문화의 구속에서 해방되어야 한다. 하루에 30분정도는 반드시 '자극 문화'와 단절하는 휴식을 취하라. 본래 휴식

의 의미처럼 '자유 회복'이 된다. 자기 휴가를 위해 특히 스마트폰 등 온라인을 끊고, 자연스러운 풍광 속에서 느리게 지내라.

138
나와 타인을 보는 거리감각을 역전시켜 보라

무엇이든 너무 가까이 보면 전체를 볼 수 없다. 오히려 가까운 사이이면서 본능적 애착을 지닌 사람에 대해 더 잘 모를 수 있다. 가족 같은 경우, 기대가 앞서는 바람에 객관적으로 보기 어렵다. 자기 자신이야 말로 정작 모른다. 타인의 약점은 쉽게 눈에 띄지만 자신의 약점은 발견하기도 어렵고, 혹 인정한다고 해도 자기 입장에서 충분히 그럴 수 있다고 변호한다. 타인을 너무 멀리서 어렴풋이 윤곽만 보고 자신은 너무 가까이 한 부분만 보기 때문이다.

이 감각의 거리를 역전시켜 타인을 자신처럼 가까이 보고, 나를 타인처럼 거리를 두고 바라보라. 그러면 그토록 싫어하던 사람도 비난만 받을 사람이 아니라는 것을 알게 되고, 나 또한 한없이 관용만 받아도 될 존재는 아니라는 것을 깨닫게 된다.

139
위(爲)의 무위(無爲)

자신의 능력을 기르는 방식은 크게 두 가지가 있다. 첫째, 사소한 일부터 큰일까지 소중하게 보라. 둘째, 소중하게 보는 일을 미(美)적이며 도드라지게 실행하라.

결국 미적이라는 것은 아름다울 뿐 아니라 편리하고 구체적이며 실용적이라는 뜻도 포함된다.

140
금지의 도덕과 권고의 도덕

'이것은 하지마라, 저것은 단념하라, 너 자신을 버려라, 자기를 극복하라.' 이러한 강제적인 '금지의 도덕(compulsory morality)'은 근본적인 반발을 야기한다. 이와 달리 언제나 변함없이 어떤 일을 꿈꿀 수 있고, 행동하도록 하는 '권고의 도덕(advisory morality)'은 호감을 준다.

이것이 '위(爲)의 무위(無爲)'로써 어떤 바람직한 행동을 함으로 다른 부정한 행동을 하지 않게 된다. 우리가 '행동하는 것'이 '행동이지 않는 것'을 결정한다.

141

척박한 토양이 강한 인물을 만든다

고급 포도주는 척박한 토양에서 생산된 포도로 만든다. 모래와 자갈들이 많아 배수가 잘 되고, 영양분이 적은 토지의 포도나무는 양분을 찾아 멀리까지 뿌리를 뻗어야 한다. 뿌리를 뻗어 다양한 영양소를 섭취하면서 불필요한 잔가지는 만들지 않아서 포도송이에 강한 맛이 농축된다. 반대로 평범한 포도주는 뿌리를 길게 뻗을 필요가 없는 비옥한 토양의

포도나무에서 생산된다.

마찬가지로 사람도 모두가 회피하는 척박한 환경에서 더 강해진다. 그 과정에서 겪는 고통과 비극과 낙담이 독창성과 독특한 매력의 자양분이다.

142
나는 데카당스이면서 안티 데카당스이다

나는 '데카당스(decadence)'이면서 별

도로 그 반대의 존재이다. 데카당스는 전통의 부정과 탐미(耽美)적 경향을 특징으로 한 '퇴폐(쇠퇴)주의'를 뜻하는 불어이자 위기의 시대, 세기말의 분위기를 일컫는 말이다.

무려 2천2백 년간 지속된 로마제국이 융성기를 지나 쇠망기에 이른 당시, 북방의 훈족과 고트족의 영향을 받아 기존의 가치와는 전혀 다른 탐미적인 예술양식이 등장했는데 이를 데카당스라고 불렀다.

그런 면에서 나는 데카당스이다. 하지만 데카당스가 근대의 특징인 '수동적 니힐리즘(정신력의 쇠퇴와 퇴화)'의 현상을 보일 때는 이를 반대한다. 즉 미(美)적인 자기기만을 통해 니힐리즘에 빠지게 되면 플라톤주의(platonism), 또는 그리스도교처럼 실존세계보다 이데아 같은 피안의 세계에 더 중점을 두기 때문이다.

존재는 '존재 그 자체'로 인정받아야지 '존재너머의 참된 존재'를 운운하는 것은 기만이다. 그때부터 존재안에 존재하는 힘의 의지는 부정당한다. 곧 존재가 지닌 힘의 강약(强弱)은 바위에 새긴 불변의 무엇이 아닌 자기 의지로 힘을 사용하는 방식이다.

143
자기연민에서 벗어나라

자기연민은 '유아 이미지'로 후퇴하려는 의지 박약자의 숙명이다. 어쩔 수 없는 상황에서 자신의 책임을 면하려는 무대장치로 자기연민을 사용한다. 하지만 연민에 사로잡힐 때 자연법칙인 '진화의 작용'을 방해받기 때문에 자기의 힘은 상실되고, 고통은 주변으로 전염된다. 그러므로 자기를 연민하는 대신에 자신을 존중하라. 데카당스의 특징인 '기교성(技巧性)'과 '백치성(白痴性)'의 모습은 자기 연민에서도 나타난다.

자기 연민은 '무(無)'를 의지하게 된다. 이러한 '무'를 종교는 '구원, 천국, 피안, 신' 등으로 부른다. 연민이 개인적 차원에서 타락이라면, 개인의 구원을 강조하는 종교는 인류의 타락이다. 그런고로 연민에 의존하고 지향하는 '무'는 결국 허상이다.

144
생명의 본능은 힘에의 의지이다

'무엇이 진리인가?' _존재론
'아름다움이란 무엇이며 어떻게 살아야하는가?' _가치론
'이를 어떻게 알 수 있는가?' _인식론

본질에 관한 질문의 궁극적인 해답은 이 '무엇'에 담긴 힘을 발견해야만 알 수 있다. 사물들의 '존재 · 가치 · 인식'의 구조는 의지의 '징후(徵候)'이다. 이러한 징후를 알아채려면 먼저 생명의 본능에 담긴 힘의 의지를 알아야 한다.

모든 생명은 하나같이 의지의 쇠락을 피하려는 본성을 지니고 있다. 이 본성을 잃어버리는 것이 바로 '타락' 또는 '병든 것'이다. 권력의지는 능동적이고 반동적인 힘을 갖고 있다. 그러므로 '가치를 안다'는 것은 대상 속에 작동하는 힘과 그 힘들의 관계를 인식하는 것이다.

145

삶의 기술

인간과 사물이 다른 점은 스스로 가치를 창조하고 부여하는 힘이 있느냐 없느냐의 차이다. 인간은 창조된 가치의 힘을 통해 도덕, 철학, 종교 등을 만들고 없애기를 반복한다. 또 누가봐도 불가능한 상황을 역전시키는 것도 인간이다. 그런데 왜 인간 사회에 범죄와 금욕(禁慾)이 발생하는 것일까? 이는 자신의 '가치 창조'의 고갈(苦渴)을 견디지 못한 허약자들과 패배자들로부터 나온다.

형이상학은 '해석(解釋)'이다. 당대에 난무하는 해석을 두고 '상승의 힘'을 가진 자들이 자신들의 삶을 고양하는 해석을 주요 담론으로 만든다.

그대여, 세계는 생성과 소멸만이 영원히 반복될 뿐 영원불변의 진리란 없다. 도덕과 철학은 물론 종교도 예술처럼 그대의 삶에 봉사하는 기술로만 사용하라.

146

'새로운 나'를 만나라

신체의 건강을 위해 '인간적인 것', '신앙적인 것', '나다운 것'이라고 규정된 하나의 정체성으로부터 떠나라. 이 '떠남'은 '지금까지의 나'와의 이별이자 '새로운 나'를 재구성하는 것이다. 자기 스스로 자연스러운 정체성을 재구성하는 것은 보편적 규범의 강제성을 포기하고 자연주의적 규범으로 전환한다는 것이다. 보편적인 '금지 도덕'보다 자연적인 '권고 도덕'이 훨씬 더 충동적이고 자발적인 윤리이다. 전자(금지 도덕)가 대상물의 무엇인가에 끌린다면, 후자(권고 도덕)는 대상물에 의해 촉발된 자신 안의 무엇인가를 끄집어내고 이끄는 것이다.

147
사랑할 대상을 창조하라

어떤 종류의 애정에도 모성애가 깃들여 있다. 모든 '성숙 과정'에도 모성애적 성품이 함께 자란다. 수수께끼와 같은 여성적인 모든 것은 고통스러운 출산을 겪으며 비로소 풀린다. 새로운 사상을 낳거나 전격적인 회심을 하거나 삶의 방향을 획기적으로 전환할 때에도 출산의 고통과 버금가는 정신적 고뇌를 해야 한다.

모성애적 성향이 빠진 애정은 사랑이 아니다. 상대를 자기화시키려는 소유욕이다. 애초에 자연에서 진화한 인간에게 '내 것'이란 없었다. 진정으로 사랑하려면 '소유할 사람'을 찾아다니는 것이 아닌 '사랑할 대상'을 창조하여 사랑해야 한다.

148
사랑의 공연은 자기 인정으로부터

사랑이 아름다운 이유는 '움직이기 때문'이다. 사랑의 성취는 자신을 인정하는 데서부터 시작된다. 그저 상대를 찬미만 하고 있으면 짝사랑에 불과하다. 자신에 대한 상대의 흠모를 감읍(感泣)하는 설레임을 통해서 '사랑의 공

연'을 시작한다. 사랑의 공연을 시작하면서부터 두 사람의 정서가 더 부유해진다. '사랑의 공연'을 하는 두 사람의 얼굴은 어떤 '화장(化粧)'으로도 감추지 못하며 자부심으로 얼굴이 빛난다.

149

행복의 지침을 주지 마라

행복은 저마다 다르다. 그런 탓에 행복을 찾는 사람에게 행복에 대한 어떤 지침도 주어서는 안 된다. 행복은 자신만의 고유한 법칙에서 솟아오르기에 밖에서 주는 지침

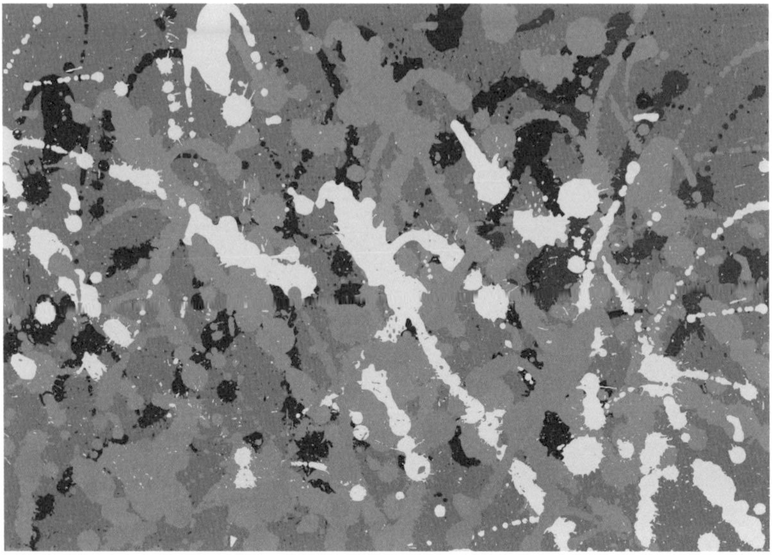

은 각자의 행복을 방해할 뿐이다. 소위 '행복에 대한 치침들'은 개인을 전혀 고려하지 않고, 이웃의 주목을 끌기위해 포장되었다. 자신의 기분보다는 이웃이 어떤 기분이 들지를 추리한다.

행복의 모양은 저마다의 신체 취향과 상태에 따라 다르다. 즉 각자 자신만의 '고유한 길'로 가고 있으며 누구와도 만나지 않는다. 진정으로 '좋은 삶'은 행복이 아닌 '인생' 그 자체를 바라는 것이다.

150

'나는 누구인가'를 묻지 않는 현대 교육

마치 '줄 세우기'처럼 성적을 기준으로 우등생과 열등생을 나누는 것은 타인을 압도하려는 시도이다. 우월을 향한 노력은 쉼 없이 원환(圓環)을 도는 고행이다. 극단적인 힘에 탐닉한 끝에 고행자가 얻는 보답은 그저 자기 동정심이며 결국 자신과 타인에게 고통을 주고 끝난다.

오랫동안 '나는 누구인가'라는 물음이 없는 교육을 받으면 종국에는 '나는 어떻게 행동해야 하는가'를 잊어 버린다. 그러므로 교육이 '사육(飼育)'이 되지 않으려면 자기와 세계를 해석하는 총체적인 사유의 능력을 길러 주어야 한다.

151
올바른 교육 과정

올바른 교육 과정은 '나답게 되어가는 길'이다. 즉 집단성의 훈육 과정이 아닌 올바른 자기개념(自己概念)을 정립하는 과정이다. 이런 자기개념이 없으면 '결정 장애' 상태에 빠져 머뭇거린다. 자기개념이 있어야 집단성에서 벗어나 개성을 찾는다.

개성을 찾는 진리에 대한 물음은 이와 같다.

'지금 나는 무엇을 하고 있는가?'

'이 일을 다른 사람이 아닌 내가 왜 하고자 하는가?'

152
스스로 고발자와 재판관이 되어라

그대여, 그대는 스스로 고발자가 되고, 재판관이 되어라. 그대의 고통을 스스로 내린 형벌로 받아들여 재판관으로서의 우월을 향유하라. 우리는 지금까지 타인의 태도는 물론 목소리, 시선, 발자국을 모방했다. 심지어 우리 신체의 작은 근육의 동작까지 타인을 재현하고자 했다. 이런 모방과 재현이 '공감'이란 이름으로 포장되었다. 인간은 모든 피조물

중 가장 연약한 본성을 지닌 탓에 '공포심'이라는 스승이 공감을 가르치도록 방치했다. 그대 자신의 삶 위에 올라가 깊은 심연을 바라보고, 그대의 괴로움도 넌지시 내려다보라.

153
빈곤한 정신에 두른 거래의 앞치마

'신화와 철학의 나라'인 그리스는 논쟁을 통해 명예를 추구하는 삶이 우선이었고, '법의 나라'인 로마는 전쟁의 승리가 우선이었다. 그러나 현시대를 살고 있는 현대

인의 '삶의 정수'는 상업이다. 시장(市場)에서 팔리지 않으면 어떤 것도 의미가 없는 시대인 것이다. 즉 '무엇을', '어떤 사람이', '얼마나 소비하는가?'가 최고의 관심사이다.

근대 이전의 사회처럼 개개인의 고유한 필요에 의해서가 아닌 '시장(소비자)'의 요구에 의해 모든 것을 만들고 평가한다. 이러한 '거래의 관점'이 문화 전반에 관련된 경향까지도 장악했다. 이런 까닭에 정신은 빈곤한 채 놓아두고, 부산한 '거래의 앞치마'를 두르고 있다.

154
인간을 '기계 부속품'으로 대하지 마라

인간의 편리(便利)를 위해 만든 기계에 인간이 '기계의 부속품'으로 전락했다. 또 인간은 '인간 발명품의 보완'이라는 치욕을 느끼지 못하도록 임금(賃金)을 받는다. 하지만 그 임금이 인간이 살아가는데 필수적인 유지비 정도라면, 근본적으로 인간은 '기계의 나사'처럼 소모되는 '노예의 삶'을 극복하기 어렵다. 마치 나사로 잘 조여진 기계의 부속품처럼 인간을 언제든지 대체 가능한 '나사'로 대우하는 것이 '비인격적 노예화'이다.

인간이 '대체 불가능한 인격'이 아닌 '대체 가능한 부속품'의

역할로 전락해 생존 대가를 받아야한다니……. 누가, 어떤 일을 하든 그 역할과 관계없이 인간은 인격적으로 대우 받을 수 있는 사회적 구조가 갖춰져야 한다.

155
미보다 지혜가, 영리보다 천재성이 중요하다

똑똑한 사람이 아름다움을 갖추면 얼마쯤은 어리석어진다. 설령 덜 지혜롭더라도 큰 부자들은 똑똑한 사람보다 백치미(白癡美)를 선호하기에 아름다움으로 버텨낼 수 있다. 반면 아름다움을 갖추지 못한 똑똑한 사람은 날이 갈수록 지혜로워 진다. 지혜로 자신의 외모를 덮어야 하기에.

교사와 공무원, 예술가는 상거래에 둔한 것이 좋다. 이들이 고리대금업자처럼 지나치게 영리(營利)에 밝을 때 이들의 재능과 봉사성, 천재성은 '소매 상품'으로 변질한다.

156
인간의 무서운 이중성격

사람은 '인간성(人間性)'과 '자연성(自然性)'의 서로 다른 양면성을 지니고 있다. 절대로 인간성과 자연성은 둘로 가를 수 없다. 인간의 도덕과 무관한 자연성은 말 그대로 비인간적이다. 또 인간성의 측면에서 본 자연성은 냉혹하고 무시무시하다.

곧 무시무시한 자연성이야말로 인간성이 고귀한 힘을 발휘하게 하는 '최고의 토양'이다. 인간의 무서운 '이중성격(二重性格)'은 인간의 가능성을 구현하는 토양으로 승화되면서 고귀한 성품이 만들어진다.

157
교만을 없애려면

그대여, 자아(自我)의 한계는 어디까지인가? 자만심은 자아 감정의 유별난 소유욕이다. 자기가 알고 있는 것들을 모두 자신의 소유로 생각한다. 소유욕이 없는 자만심은 존재하지 않으며 그 소유욕에는 한계가 없다. 자만한 자들은 자신이 알고 있는 것들에 집착하고, 그것만을 전부라고 여긴다. 게다가 자신이 아는 것과는 다른 앎을 이단시하고, 자기 '앎의 렌즈'로 세계를 바라보고 판단한다.

그대여, '앎'은 언어로 표현되기 때문에 지나친 자만심을 경계하려면 자신에게 익숙한 '언어의 자명성(自明性)'을 먼저 의심해야 한다. 곧 자신이 즐겨 하는 언어에 대한 '현상학적 판단중지(suspension of judgment, epoche)'가 필요하다. 삶의 화석화된 문법을 없애기 전에는 신도 없앨 수 없고, 교만도 없앨 수 없다.

158
발전은 공포에 의해 이루어진다

그대여, 그대의 인생이 사랑보다는 공포에 의해 더욱 발전한다는 아이러니(irony)를 이해하라. 은밀한 사랑의 충동은 나쁜 것조차 가능한 한 매력으로 보려 한다. 이런 오류(誤謬)로 사랑은 '이득'을 취한다. 그래서 사랑은 진보(進步)보다 안주(安住)하며, 개선(改善)보다는 '아양(coquetry)'을 떤다.

이와 달리 공포는 '애정의 눈'이 아닌 '의혹의 눈초리'로 다른 사람을 본다. 즉 공포는 '손해'를 보지 않고자 그가 어떤 존재인지, 또 무엇을 하는지를 파악하고 항상 그 대안을 모색한다. 바로 여기서 '전격적 통찰력'이 탄생한다.

159

고귀한 이여, 그대 이름은 '자기 결정자'

그대여, 과연 고귀한 사람은 누구인가? 귀족이나 부자가 아닌 스스로 자신의 가치를 결정하는 자들이 고귀하고 품격 높은 사람들이다. 자신이 가려는 길과 방향을 찾을 때 '이리 갈까, 저리 갈까, 차라리 돌아갈까?'를 두고 결정하는 요인은 내면의 가치 순위이다. 가치의 순위에 따라 모든 행위가 이루어진다.

그대여, 그대의 '영순위 가치'는 무엇인가? 그 순위는 무엇에 의해 정해졌는가? 두 가지가 있다. 첫째로 '받아들여져 본성이 된 것'과 둘째로 '자신의 것'이다. 전자는 출생 후 길들여진 것으로 우리는 모두 '그물 속에 갇힌 거미'와 같다. 즉 그물에 걸린 것만 잡을 수 있으며 우리도 그물에 붙잡혀 살고 있는 신세다. 거미는 자라서 '길들여진' 그물을 벗어나 새로운 그물을 만들 때에야 비로소 '고귀한' 거미가 된다.

고귀한 자기 결정자가 되기 위한 조건은 세 가지이다.

첫째, 자신과 시대의 편견을 떠날 수 있는 용기이다. 둘째, 박학다식(博學多識)이다. 곧 인문학은 물론 자연과학, 사회과학 등 다양한 문화와 역사를 알아야 한다. 셋째, 표면적으로 유사해 보여도 미세한 차이를 볼 수 있는 치밀함이다.

160

각자의 숭고미를 회복하라

푸른 하늘을 헤매는 영국인만 행복을 추구했을 뿐 원래 인류는 행복에 목매지 않았다. 인생에 '자신의 이유'를 가지면 행복은 저절로 따라 붙는다. 일부러 행복을 배척할 필요도 없으나 더더욱 행복을 쫓을 필요는 없다.

산업혁명 이후, 자본주의의 시초로 볼 수 있는 영국은 개인의 이익과 공명(功名)을 추구하는 공리주의가 만연했다. 공리주의는 개인의 이익과 쾌락을 인간의 행복으로 규정한 자본주의를 약육강식의 논리로 강화시켰다. 여기서 모든 고통은 악(惡)으로 낙인 찍혔다.

결국 인간은 마치 실험실에 갇힌 동물처럼 상벌(賞罰)의 '보상기제(compensation mechanism)'에 놀아나는 존재로 전락했다. 동물원에 갇힌 호랑이는 고유한 본성을 잃은 채 순한 양처럼 길들여진다. 이에 비해 고유의 본성을 지닌 야생의 동물은 얼마나 숭엄한가.

그대여, 인생도 마찬가지다. 각자 고유의 본성으로 인간 개개의 숭고미(崇高美)를 회복해야 한다.

161
꿈꾸는 인생의 최고봉

인생의 제일 어려운 퍼즐은 죽음이 아니라 삶이다. 죽음은 용기가 죽인다. 용기 있는 사람은 희망과 삶을 결코 버릴 수 없다. 인간속의 영웅인 용기, 그 자체가 희망과 사랑이다. 그대는 이미 그대 속에 내장(內藏)된 용기를 결코 버리지 말라. 그대가 꿈꾸는 인생의 최고봉은 무엇인가. 그곳을 지성

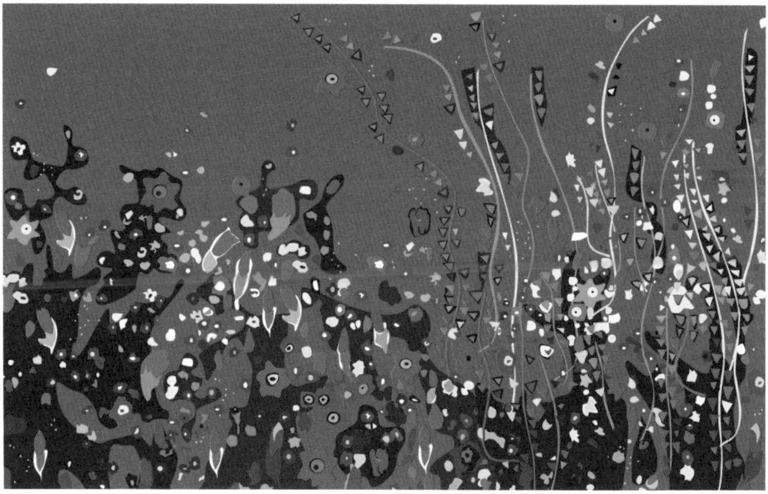

(holy of holies)로 여기고 용기 있게 정면으로 응시하라. 이렇게 외치게 되리니 '이것이 삶이었구나, 그렇다면 다시 한 번!'

162
높이 솟구친 원기둥처럼

그대는 원기둥이 되려고 할지니. 원기둥은 높이 치솟아 올라갈수록 가늘어지지만, 아래로 내려갈수록 더욱 두꺼워 지고, 내부는 더 단단해져서 무엇도 무너뜨릴 수 없고, 무엇이라도 짊어질 수 있다.

163

끄떡이며 서 있기를

우연의 파도는 시대의 조류에서 일어난다. 혼동의 물결위에서도 부표(浮漂)처럼 여유를 부리며 끄떡이고 서 있으라. '부표의 여유'는 단순한 휴식이 아니다. 강이 되고 바다가 되고 섬으로 안내하고 육지를 찾는 통로이다.

기존의 문명이 인간의 다차원적 의미와 가치를 '노예 도덕', 폐쇄적 종교인, 기독교 등 일차원으로 체계화 시켜왔다. 현대 문명도 역시 자본과 기계의 일차원적 욕망만을 긍정하며 허무주의, 퇴폐주의가 만연하게 되었다. 이제야 인류는 문명 이전의 다차원적 의미와 가치를 살려내고자 한다. 그것은 삶의 표면을 장식하고 있는 지성적 합리주의를 뚫고, 그 밑바탕에 꿈틀대는 '힘에의 의지'를 되살려낼 때 가능하다.

그대여, 일주일에 단 한 번이라도 삶의 의미를 되새기는 자기 성찰을 하라. 그것이 '삶의 독점'이며 '삶의 다양성'을 표출하는 계기이다.

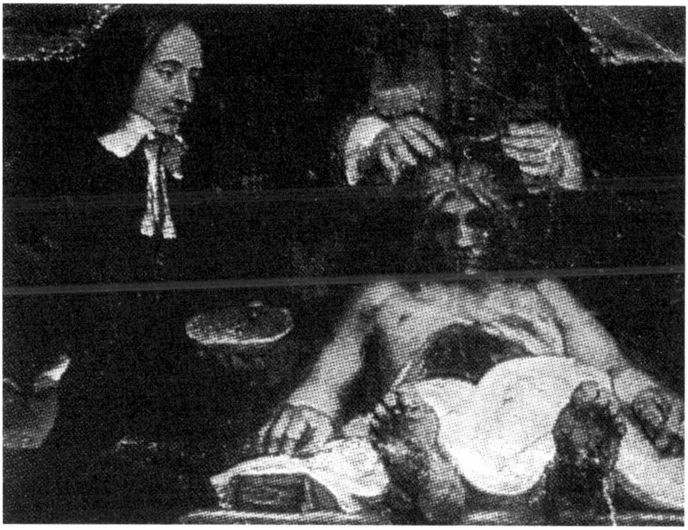

164

인생의 의미와 가치

인간의 의미와 가치, 그 자체만이 삶의 목적이다. 그 외에 삶의 목적은 따로 없고, 나머지는 모두 삶의 수단들이다. 수단과 목적을 명백히 구분해야 인간의 의미와 가치를 상실하지 않는다. 수많은 삶의 수단들은 아무리 고상하고 그럴 듯한 진리로 부상해도 시간과 공간의 변화와 더불어 한낱 허구나 가설이었음이 드러난다.

그대여, 어떤 괴로움도 받아들이고 자신에게 맞게 살아라. 그리하면 스스로 강해지리라. 그리고 스스로에 이렇게 말하라.

'나는 왜 이리도 현명한가, 왜 나는 하나의 운명인가.'

165
과감히 탈주하라

아! 최선이라고, 최고라고 자부하는 자들의 벌거벗은 모습을 보고야 나는 전율하고 말았다. 그 후로 그들이 가공(假工)한 이중 의지에 현기증을 느끼며 탈선했다. 그들이 깔아놓은 길로 따라가면 몰락하니 과감하게 탈주하라. 정상으로 향하는 정해진 길을 탈주하라

'오직 그대만의 산비탈을 걸어라!'

자아성취로 인도하는 공포의 길은 정상이 아니라 산비탈이다. 내면이 부화(孵化)한 인종들은 모두 산비탈을 걷고 있다. 인생 살맛인 호기심을 산비탈의 풍경이 끝없이 제공해 주고 있다.

166
대뇌의 소화불량

단조로운 해안보다 리아스식 해안이 감탄을 자아낸다. 인생의 모든 굴곡과 굴절을 그대로 놓아두라. 삶의 굴곡을 대패로 밀어내버리면 인간성은 모래알로 변질된다. 바위와 달리 모래는 거푸집에 따라 모양이 변한다. 호랑이는 포효해야하고, 물고기는 헤엄쳐야 하고 독수리는 창공을 날아야 한다. 그래야 존재의 자격이 있다.

인간의 대뇌는 위장(胃腸)을 닮았다. 대뇌가 하는 일도 소화작용뿐이다. 대뇌가 소화불량에 걸리는 것은 '형이상학과 신학적 규정'이다. 형이상학은 '무엇에 대한, 무엇의 의미'를 묻는다. 대뇌가 소화불량일 때 인간은 병적이 된다. 따라서 종교는 대뇌 소화불량의 역사이며 거기서 회복된 건강한 인간이 초인이다.

167
인간은 사회적 존재가 되어야 한다

유구한 조직 역사에서 어떤 조직이든 조직 유지를 위한 수단을 만든다. 작은 조직은 운영 매뉴얼 정도지만 국가단위로 커질수록 유지수단으로 따라야할 의제(agenda)를 설정한다. 수천 년 동안 근거 없는 신을 이용해 동양은 천명설(天命說), 서양은 왕권신수설(王權 神授說)을 내세웠다. 시민혁명 이후 공적영역에서 신이 퇴출되자 국가 이데올로기가 나왔다. 국경이 희미해지는 글로벌 시대로 진입하자 시장이 우상이 되어 모든 일상을 통제하고 조종하고 있다.

사회적 존재인 인간은 사회가 규정한 의제를 무시하기 어렵다. 하지만 사회 의제의 노예가 아니라 활용자는 될 수 있다. 더욱이 사물 인터넷 시대에 인류는 역사상 처음으로, 집중의제 시대에서 분산 의제의 시대로 나아가고 있다. 다극화의 시대는 인간의 본질인 개인성을 실현할 수 있는 여건이 조성된다. 이 여건을 내 것으로 만드느냐는 각자의 몫이다.

168
진리보다는 진실

항상 의문을 제기하라. 기존의 지식과 관습에 대해 묻고 또 물어 명징해질 때까지 지적 탐구를 계속하면 지혜가 명징하게 열린다. 이때부터 현실은 긍정이고, 긍정이 곧 현실이다.

'진리보다는 진실에 더 의미를 두라.'

'사물은 보이는 현상 그대로 존재한다.'

'동일한 사물이 또 존재한다.'

'우리는 자유롭게 의욕할 수 있다.'

이 모두가 오류이다. 이와 같은 인식들의 끝에 가장 무기력한 형태의 진리가 나타났다. 인간은 진리와 더불어 살아갈 능력이 없다.

모든 회의주의를 찬양하라. 이미 정해 놓은 진리만 경험하게 하는 질문과 사물은 더 이상 필요가 없다. 왜냐, 거기서 용기는 사라지고 비겁한 자만이 권리를 누리가 때문이다. 편안한 회의주의자가 되라. 회의주의야 말로 진실을 여는 참된 사유의 문이다.

169
사랑의 치료법

사랑에는 항시 약간의 광기와, 광기 속에 또한 약간의 이성이 있다. 사랑이 병이라면 확실한 치료법(Remedium amoris)이 있다. '사랑에 대한 보답으로 사랑하는 것'이다. 만일 짝사랑중이라면 짝사랑하는 대상만큼이나 나를 사랑해야 한다. 설령 실연당했다 해도 실연은 패배가 아니라 사랑의 깊은 곳을 엿볼 수 있는 기회이다.

170
행복은 찾는 것이 아니라 아는 것이다

행복은 찾아다니는 물건이 아니라 공기처럼 내 곁에, 내 안에 함께 있다. 나비와 비눗방울을 보라. 나비는 세상을 고루 비추는 햇빛을 온몸에 받으면서도 제멋대로 날아다닌다. 비눗방울도 무지갯빛을 띠고, 바람 부는 대로 꽃잎 따라 날아다닌다. 삶을 긍정하는 내 눈에 '행복이 무엇인지'를 나비와 비눗방울이 보여주고 있다.

나라는 존재가 생동하는 동안 따라붙는 부가물이 행복이다. 인생은 나비처럼 가볍게, 공중에 영롱히 빛나다가 공기가 되는 비눗방울처럼 티 없이 어리석고 사랑스럽게 살면 된다. 우리는 모두 행복한 방랑 시인이다.

171
인간 정신의 세 가지 변화

인간의 정신은 세 단계로 변화한다. 먼저 낙타였다가 다시 사자가 되면 마침내 어린아이가 된다. 낙타는 복종하는 노예이다. 많은 짐을 짊어지려 무릎을 꿇고 기다린다. 이처럼 인간의 처음 정신은 자유를 부정하는 힘이었다. 자신의

지혜로 자신이 어리석다고 조롱하며 차츰 황량한 사막으로 나아간다. 여기서 멈추는 정신이 있다. 사막을 돌아다니다 두 번째 변화가 일어 나 사자가 되는 정신이 있다. 드디어 자유를 획득하고 사막의 주인이 되어 약탈하는 자가 된다.

여기서 멈추는 정신도 있다. 그러나 어린아이의 단계로 더 나아가야 한다. 아이처럼 있는 그대로 자신을 긍정하고 신선하게 망각하며 창조적 유희를 해야 한다. 정신적 변화는 '그대는 마땅히 해야만 한다(You should)'라는 낙타의 단계에서 '나는 하고자 한다(I will)'의 사자 단계를 지나 아이 단계인 '나는 있는 그대로 나이다(I am)'에 다다른다.

172
가장 바른 길

인생의 잠언은 마땅히 산봉우리여야 한다. 잠언을 알아들으려는 자도 역시 다리가 길어 우뚝 솟아야 한다. 고산이 선악의 공기가 희박하고 갓 맑아 위험하고 외롭기는 하지만 즐거운 악의로 가득한 정신과 서로 잘 어울린다. 거대산맥 가운데 즐비한 고산지대로 가는 가장 바른 길은 어디일까? 산봉우리에서 산봉우리로 건너가는 곳이다. 여기를 건너려고 긴 다리가 필요하다.

산봉우리가 더 높아갈수록 들으려는 사람의 키도 더 커져야 한다. 공기는 희박하고 맑으나 위험은 늘 가까이에 있다. 다리 아래 보이는 이 구름, 바로 그대들의 뭉게구름을 내려 다 본다. 이처럼 가장 높은 봉우리에 오르는 자는 비극적 현실과 모든 비극을 조롱한다.

173

새벽 장미가 흔들리는 까닭

어두운 밤이 지나 아직도 고요한 새벽, 저 장미꽃이 흔들리는 까닭은 이슬 한 방울이 맺힌 탓이다. 이슬을 머금고야 장미는 아침 햇살을 맞이한다. 삶이 힘들다하여 제발 나약하게 굴지 말자. 인간의 감수성을 경제적 안녕이 증대시켜 작은 고통에도 나약해 졌다. 우리 모두 각자의 짐을 지고 가는 훌륭한 나귀들 아닌가. 나귀는 짐을 질 때 훌륭하다. 견디기 힘든 삶이어도 그래도 이 삶을 사랑하는 것은 낯선 삶에 익숙해서가 아니라 삶 그 자체에 익숙해졌기 때문이다

174

평가가 창조이다

진실이 아닌 진리는 모두 인간들이 스스로에게 부과한 것이다. 진리를 발견했다고 말하는 자들은 스스로를 기만하고 있다. 광야와 하늘이 처음 열리던 까마득한 날, 인간들이 스스로의 유지를 위해 최초로 모든 사물의 의의를 부여하고 모든 가치를 창조하기 시작했다. 그리고 자칭 평가하는 사람이라 했다. 평가는 창조이다. 그러니 그대들 모두가 창조자들이다. 가치 평가화된 모든 사물의 보석은 바로 그대가 내린 '평가 그 자체'이다. 새로운 가치를 창조하는 자는 언제나 파괴

해야만 한다. 진실로 마지막 창조물이란 개인 그 자체이다.

175

지나친 확신은 진실의 가장 위험한 적이다

거짓말쟁이는 두 가지 특징이 있다. 자신이 알고 있는 것을 반대로 말하고, 또한 모르는 것도 반대로 말한다. 신념에 찬 거짓말쟁이들은 비실제적인 것들을 현실언어로 치장한다. 자신을 숨기려는 수단으로 실제인 것처럼 보이고 들리게 하고, 많은 말을 한다. 그것이 미사여구(美辭麗句)이며 교언영색(巧言令色)이다.

진실의 가장 위험한 적은 지나친 확신이다. 거짓말쟁이를 기피하는 이유는 거짓에 대한 혐오보다 현실적으로 손상을 입기 때문이다. 우리는 현실성 없는 진리에 무관심하기 때문에 '진실만 원한다' 고 말한다.

176

마음이란 육체의 이미지이다

마음은 육체의 이미지이며 후퇴(後退)와

전향(前向)의 이미지이다. 선과 악에 관련된 모든 명명(命名)도 이미지들이다. 이미지는 암시(暗示)일뿐, 아무 말도 하지 않는다. 이미지에서 지식을 구하는 자의 어리석음이여! 그대 영리해져라. 이미지의 칭찬과 비난을 초월하여 모든 덕의 근원과 시작이 되라. 그대가 덕의 근원과 시작이 되어야 어떤 유혹도 물리치고 자기의지를 추구하는 의욕자(意慾者)가 된다.

아! 그렇게 태어난 덕은 하나의 새로운 신앙이며 지배적사상이며 심연에 일렁이는 샘물이다.

177
인간이란 하나의 실험이다

그대들 스스로가 창조자가 되라. 인간이란 하나의 실험이므로. 대지의 의미에 봉사하도록 자신들만의 새로운 덕으로 새롭게 사물의 가치를 설정하라. 지식의 순환(循環)을 통해 육체의 순화(純化)가 저절로 일어난다. 우리에게서 수천 년 된 이성과 충동이 튀어나오지만 상속자는 되지 말라.

스스로 인식하고 고양되는 자에게 모든 충동이 신성화된다. 아직도 인간의 대지에 발길이 닿은 적이 없는 수천 개의 길들이 있고, 숨어있는 무진장(無盡藏)한 생명의 섬들이 있다.

178
천국의 문을 두드리지 마라

고독한 자들이여! 이제 귀를 기울이고 눈을 떠서 바라보라. 그대들 인식이 천상의 문을 두드리지 않도록 하라. 아! 얼마나 많은 정신이 천국을 두드리다가 날아갔던가. 그리 날아간 정신을 대지로 돌려라. 진실로 대지야말로 부활의 장소이다. 대지주변에 새로운 생명의 향기, 무한한 희망이 서려 있다. 미래로 부터의 바람이 소리 없는 날개 짓으로 불어오고 있다. 그대 인식으로 하여금 이 세상 것을 떠나 천상으로 날아가지 못하게 하다.

179
인류 최고의 억측

지금까지 세계관을 그대들 이성과 심상(心象)과 의지의 세계로 대체하라. 수많은 종족의 많은 신화들은 하나의 억측에 불과했고. 유일신은 하나의 고집스런 의지의 천명(闡明)이었다. 모든 것을 인간적으로 생각하고, 이해 안 되는 것도 최후까지 인간적으로 이해될 수 있도록 변화시켜 나가야 한다. 그래야 인생에 희망이 있다.

만일 우리와 질적으로 다른 신들이 존재한다면 신이 아닌 우리가 어떻게 이 생(生)을 견뎌 낼 수 있을까? 신에 대한 신념은 모든 진실을 왜곡하여 현기증과 구토를 일으킨다. 그러니 나의 벗들이여, 신은 인류 최고의 억측이다.

180
천둥소리 없이 어찌 성장하랴

하늘 높이 솟은 나무, 가을 들녘에 황금빛 고개를 숙인 벼 이삭들, 동산에 잘 익은 과일들이 거센 비바람 없이 성장했을 리가 없다. 뜨거운 태양과 먹구름 속에서 우는 천둥소리가 만물의 성장 과정에 필요하다. 우리의 신경세포도 스트레스에 자극받으며 발달한다.

도전이 있어야 응전(應戰)도 있다. 배신과 아집, 탐욕과 냉담, 폭력과 증오들이 분노와 좌절의 요인도 되지만, 도전으로 받아들여 감당해 나가면 강한 인간으로 성장한다. 어떤 도전도 받지 않고 단련되고 싶지 않다면 온실 같은 시각적, 청각적 자극이 멈춰선 고루한 환경, 지루한 일상에서 지내라.

"먼 길을 가는 데 늘 성공만 기대하지 마라. 풍파는 항해하는 자의 벗이고, 비바람은 길가는 자의 벗이다. 차라리 비바람 속에서 인생의 즐거움을 누려라."

제3장

쾌락과 고통은 마주보고 있다

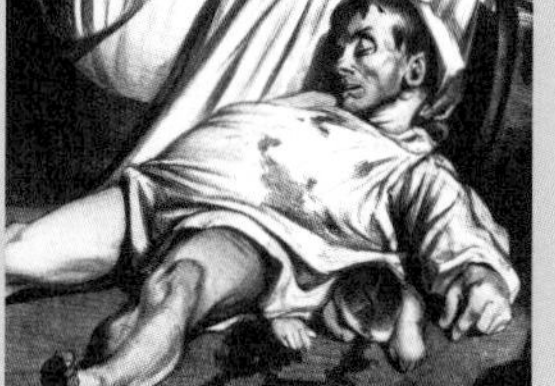

181

황혼의 사색

한낮의 춤이 끝나고 어느덧 석양이다. 냉기가 다시 차오르는 숲 너머로 넘어가는 붉은 햇살이 깊은 사색에 잠긴 빛으로 저녁을 맞고 있는 그대를 바라보고 있다.

"오, 아직 그대는 살아있구나, 왜 살아있는가, 무엇 때문에, 무엇을 의지해 살아 있는가? 이제 어디에 있으려하며 어디로 가려는가? 어떻게 살려하는가? 아직 살아 있는 그대여 삶이 어리석지 않던가."

저녁의 시작을 잡고 있는 석양은 그대에게 그렇게 묻는다. 여기 그대는 태양이 아니라 저녁에게 이렇게 대답하라.

"저녁이여 나의 설움을 용서하라, 나도 저녁이 온 것을 용서하노라."

182
인간의 원죄

인간의 원죄(原罪)는 아담과 하와가 에덴동산에서 선악과를 따먹은 것이 아니라, 자기희열을 망각한 것이다. 실낙원이라는 신화가 들어온 이래 인간은 너무 오랫동안 스스로 즐기지를 못하게 되었다. 인간이란 실낙원을 자초한 존재들이라며 타인을 괴롭히거나 굳이 고뇌하고 고행하는 모습을 연출해야만 했다.

실낙원 때문에 괴로워하는 자를 도와주면 그의 부끄러운 모습을 보아야 했으며 도와주는 자신마저 부끄럽게 되었다. 괴로워하는 자의 부끄러운 모습이란 스스로 즐길 줄 모르는 모습이다. 스스로 즐길 줄 모르는 것이 바로 원죄이다.

183

전도된 불구자

인간에게 무엇이 가장 큰 장애인가. 어떤 이에게 눈이 하나 없고, 어떤 이는 귀가 하나 없다. 이보다 더 큰 장애가 있다. 심지어 다리나 머리가 없더라도 사악하지 않기 때문에 내게 가장 사소한 일이다. 그보다 더 심각한 장애는 어떤 사람이 한 가지 것을 너무 많이 가지고 있으면서도 그 외의 모든 것들에 결핍 된 경우이다. 이는 사악한 장애이다.

한 개의 커다란 입, 한 개의 커다란 귀, 한 개의 커다란 배 등 어떤 커다란 하나 외에 다른 것이 전혀 없는 인간들을 나는 전도(顚倒)된 사악한 불구자라 부른다.

184
삶이 흥미로운 곳

삶이 흥미로운 곳은 산봉우리가 아니라 가파른 비탈이다. 이 비탈에서 시선을 급류처럼 아래쪽으로 행하고 손만 위쪽을 잡으려할 때, 흥미는 공포로 변한다. 그런 '이중의지(二重意志)' 때문에 현기증이 인다.

벗들이여, 우리 모두 이중의지의 느낌이 무엇인지 잘 알고 있다. 저 높은 곳을 바라보면서 동시에 손이 심연(深淵)에 의지하는 것이 낭떠러지이며, 위험한 일이다. 더 위험한 것은 누구에게나 다 보이는 봉우리에 있으면서 드러내지도 못할 심연의 본능에 포획되어 있을 경우이다.

185
속이는 자를 내버려 두라

한때 나는 모든 야비한 자들이 드나드는 문간에 앉아서 일일이 물어 보았다. '누가 날 속이려 하느냐?'

그리고 세 가지 빛나는 처세법을 깨달았다. 속이는 자가 나를 경계하지 않도록 내버려둔다. 사기꾼의 사기술은 건들수록 변신한다. 거짓을 볼 때 너무 조바심을 낼 필요가 없다.

뭇 군상들 속에서 갈증으로 기진맥진하지 않으려면 온갖 잔으로도 마실 줄 알아야 한다. 거짓이라고 일일이 지적하지 말고 그것을 관조하는 것도 내 운명의 섭리인양 여겨 주어라. 뭇 군상들 가운데 순수성을 지키고 싶다면 더러운 물로도 자신을 씻을 줄 알아야 한다.

'용기를 내고 기운을 내게나, 조바심을 내던 마음이여. 온갖 잔으로도 마실 줄 아는 그대에게 불행은 닥치니 않느니.'

186

모든 비극의 어머니는 상처받은 허영심이다

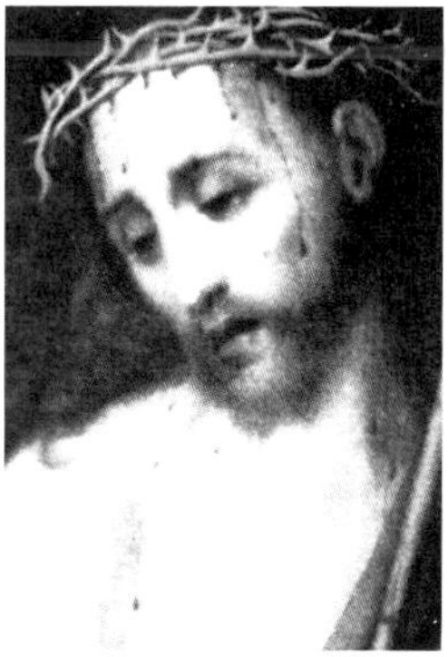

거짓이 난무하는 세상에서 내 두 번째 처세술은, 오만방자한 자들보다 허영심에 들뜬 자를 더 관대하게 대하는 것이다. 오만은 상처 입을 경우 훨씬 더 좋은 온유와 겸손이 자라난다. 그러나 허영심은 다르다. 모든 비극의 어머니가 무엇인가? 상처 입은 허영심이 아니겠는가?

삶이 아름다워 보이려면 인생 연극이 잘 연출되어야 한다. 오만하지 않고 허영심에 들뜬 자들이 가장 연기력 있는 인생 광대들이다. 그들은 자신의 연출을 사람들이 즐겁게 보아주길 기대한다. 나는 그들을 가까이서 구경하길 좋아한다. 내 우울을 말끔히 씻어주기 때문에.

187

위장하고 바라보는 즐거움

내 세 번째 처세술은 허영에 찬 채 위선

을 떠는 자들의 모습을 바라보며 즐기는 것이다. 이것이 내 최후의 처세 지혜이다. 아직 가장 따스한 남국은 우리에게 발견되지 않았다. 나는 자주 머리를 흔들며 방울뱀에게 물었다.

"너희 방울뱀이여, 왜 그리 소리를 내는가?"

진실로 너희 선하고 의로운 최고 유식한 자들이여, 그대들이 나를 은밀히 웃게 만드는 것들이 많고 많지만 제일은 이것이다. 종래에 악마, 사탄, 마귀라며 억누르고 악평을 하며 공포를 갖게 했던 것들을 보는 것이다. 이 얼마나 허무한 개그였던가.

그래서 나는 잘 차려입고 허영에 찬 채 위선을 떠는 인간들의 모습을 더 구경하려고 그들 틈에 앉아 있으련다. 그래야 그대들이 나를 식별하지 못하고 계속 허영이 가득한 위선적 연극을 지속하겠기에.

188
악마라 불리는 것들의 선

과거에 그리고 지금도 얼마나 많은 것들이 최대의 악마라 습관적으로 불리고 있는가? 진실로 악평을 받은 이들을 위해서도 역시 미래는 있다! 나는 타오르는 태양이 기른 표범과 야자수와 방울뱀을 보는 것이 즐겁다. 인간 세상에도 불타는 태양이 낳은 멋진 무리들이 있는데, 이들에게 덧붙여진 악평도 있다. 이들에게 덧붙여진 악평보다 성인들의 사악함이 더 무겁다. 이 사실을 안후로 인간들 중 가장 현명한 자도 내게 그리 현명해 보이지 않았다.

189
누가 높이 올라간 자인가

그대들은 항시 위를 바라보며 높아지기를 원한다. 그러면 누가 구름처럼 높이 올라간 자인가? 계급과 신분이 아니라 자족(自足)하는 자들이다. 자족하는 자는 이미 높이 올라 있기 때문에 아래의 그대들이 다 보인다. 나는 그대들과 다르게 느낀다. 발아래 이 검고 묵직한 구름들. 내가 보고 비웃는 저 구름들이 번개를 몰아오는 계급과 신분으로만 높아지려는 그대들의 구름이다.

그대들 가운데 누가 웃을 수 있으며 자족의 고지에 드높이 올라갈까. 가장 깊은 곳으로 내면의 풍요로움으로 깊이 내려가 본 자들이다. 이렇게 하여 가장 높은 산에 들리운 자는 어떤 비극적 유희도 모든 비극적 심각성도 조롱한다.

190
자기 피로 글을 쓰는 자

그대여 글을 쓰려면 그대의 피로 써라. 그제야 그대 피가 곧 그대 정신임을 알게 되리니. 모든 글들 중에 자신의 피로 쓴 글들만이 사랑받을 가치가 있다. 어느 누가 남의 피를 쉽게 이해하랴. 그러기에 책을 읽는다며 뒤적이기만 하는 게으른 자들을 미워한다. 자기 피가 아닌 누구나 읽기 좋으라고 쓴 글은 쓴 자와 함께 읽는 자의 정신까지도 썩게 만든다.

그럴 때 신이었던 정신이 인간이 되었다가 끝내 노예의 나락으로 떨어진다. 자기 피로 글을 쓰는 자는 읽히기를 바라기보다 잠언으로 암송되기를 바란다.

191

인간의 운명은 방랑자이다

나는 방랑자라 어느 곳에 오랫동안 머물 수 없다. 나는 등산가로서 평지를 사랑할 수가 없다. 이제부터 어떤 일이 닥쳐온다 해도 여전히 내게 방랑과 등산만이 있을 것이다. 그것에서 벗어난 어떤 운명과 경험도 존재할 수가 없다. 방랑과 등산을 통해 우리는 결국 자기 자신만을 경험할 뿐이다. 자신을 과도하게 아끼면 그것 때문에 아파한다. 고유한 자기를 제외한 채 우연과 우연만이 충돌해 어떤 것이 일어나는 시대는 원래 존재하지 않았다. 이처럼 정상과 심연은 일체이라 본디 인간은 가장 준엄한 등산과 고독한 방랑자의 운명을 지녔다.

인간이 만나는 일들은 오랫동안 연기(演技)되고 연기(緣起)되고 연기(延期)되었던 것들이 온갖 사물과 우연들 속에 흩어져 있다가 다시 고유(固有)한 내 앞에 서 있는 것뿐이다.

192
모든 길의 뒷길은 지워졌다

그대가 걷는 길 뒤에 아무 길도 없다. 그래서 남이 간 길의 뒤를 그대로 쫓는 것은 불가능하면서도 위대하고 원대한 길이다. 선현들이 걸었던 뒷길은 허공의 자취로만 남아있고, 현실에서는 지워져 있다. 그래도 누구나 선현들의 남긴 자취를 훑어본다. 지워져버린 뒷길은 마치 사라져버린 사다리와 같아 우리는 스스로 자기 머리위로 오르는 법을 배워야 한다.

193
자기 현존을 넘어서라

인간은 언제부터 병이 들까? 현존하는 자기 실존에 지나치게 애착을 가질 때부터이다. 지나친 애착은 고착이며, 고착은 인간과 세계의 불가능성이다. 더 많은 것을 보기 원하는 자는 자기 현존 너머로 기어 올라가며 '젖과 꿀이 흐른다는 가나안'을 찬양하지도 않는다. 자신을 넘어야 올라갈 수 있는 정상이라 불리는 장소는 자기 별 조차 발아래 두고 굽어보는 곳이다.

194
정신의 정화

방랑자여! 그대 앞에 가장 높은 산과 더 낮은 골짜기가 펼쳐 있다. 이제껏 내려가 본 어떤 곳보다 깊고 검은 심해로 내려가지 않으면 안 된다. 일찍이 올라가본 어떤 높은 산보도 더 높은 산으로 올라가야만 한다. 지금껏 겪은 고통보다 더 가혹한 것들을 만나게 되더라도 그것을 찬미하며 산꼭대기에 다다르자. 앞에 전혀 다른 바다가 펼쳐져 있으리니.

제일 높은 산은 어디서 오는가? 이들은 깊고 깊은 바다로부터 솟아오른다. 그렇게 자신의 길을 가면 마지막으로 만나는 것이 위대한 고독이다. 왜, 위대한 고독이냐. 왜곡된 정신을 재 자연화하여 생리적인 자기모순이 극복되기 때문이다.

195
극복대상을 만들어내는 인간

인간은 가장 용기 있는 동물이다. 용기로 모든 맹수를 극복했다. 용기를 사용할 대상이 필요해 요마(妖魔)를 만들어 냈다. 나는 용감하기에 내 주변에 요마가 많았으면 좋겠다. 용기는 또한 가장 좋은 살해자이다. 요마도 죽이고, 인간의 깊은 심연에 있는 동정도 죽이고, 결국은 인간의 죽음까지도 죽일 것이다. 그럴 때마다 흥겨운 심술로 가득한 용기는 크게 웃으며 이렇게 말한다.

'이것이 인생이었단 말인가, 그렇다면 다시 한 번 용기를 내어 용기를 낼 것을 만들어 내 보자!'

196

고뇌하는 자들 가운데 무능아들

천당과 지옥은 누가 건설했나? 고뇌하는 자들 가운데 무능아들이다. 무능아들은 자기 무능을 수선하기보다는 깊게 고뇌에 어우적대는 도중 온갖 망상에 빠졌다. 그 망상 중에 고뇌를 빠져나갈 순간적 희열을 포착하고 내세론 자가 되었다. 이것이 '곧 길이요, 진리요 생명이요, 영생이 된 것'이다.

이때부터 하릴없이 세월만 소모하던 무능아들이 피안과 차안의 중재자로 비단옷을 입는다. 이들 중재자들을 따른 인간들이 육체의 머리로 대지의 공기를 깨드리고 피안의 세계로 가고자 허둥대기 시작했다.

197

영혼의 소리, 육체의 소리

신체는 건강한 이성이다. 형제여, '영혼의 소리'를 들으라고? 차라리 건강한 '육체의 소리'를 들으라. 신체를 경멸하는 자들이 어찌 자신이 진정 무엇을 원하는 지 알 수 있을까? 안다고 해도 신체를 경멸하면 이미 실행할 능력을 상실할 것이다. 그러면서도 얼마나 부추기는가.

"육을 죽이고 영을 살리는 길을 의욕적으로 걸으라."

인간이 맹목적으로 걸어온 그런 지상의 길에서 인간들은 끊임없이 타인과 비교하고, 부러워하거나 원망하고, 지배하거나 억압을 당해 왔다.

이제 각성한자는 말한다.

"나는 오직 신체일 뿐이다. 그 외에 큰 이성도 정신도 감각도 내 신체의 도구이며 장난감일 뿐이다."

198
모든 진리는 굽어있다

모든 진리는 굽어 있다. 직선, 즉 곧은 것은 모두 거짓말을 한다. '보라, 영원의 출입구인 이 순간을' 우리 뒤에 놓여 있는 하나의 영원과 그 출입구인 이 순간도 이미 이루어졌었고, 이미 존재했었던 것들이다. 이미 달렸던 이 길을, 이미 지나 가벼렸던 이 길을, 이미 이루어졌던 이 길을, 이미 존재했던 이 출입구를 그대는 어떻게 생각하는가? 달빛에 느리게 걸어가는 저 거미, 저기 저 고고한 달빛, 성문을 가로지르며 영원한 사물에 대해 속삭이는 그대와 나, 이 모두가 이미 존재했었고. 언젠가는 또 되돌아와서 또 하나의 길을 달려야한다.

'모든 것은 가고, 모든 것은 다시 돌아온다.'

199
늦은 오후의 평강

나는 산야가 온통 붉은 늦은 오후를 사랑한다. 늦은 오후는 밝으나 따갑지는 않으며 장엄하나 우울하지는 않다. 늦은 오후에 내 최초의 벗들을 발견했고 두 번째 벗들도 발견했다.

'오, 내 삶의 오후여!'

하늘과 대지사이를 맴도는 어떤 행복도 오후가 되면 빛나는 영혼의 숙소를 찾아 골짜기로 내려간다. 마침 골짜기에서 석양이라는 손님을 맞은 내 영혼은 기쁨으로 두근거렸다. 이제 일몰 직전의 땅거미에 반쯤 잠긴 천지사방은 기약도 없이 의지에도 상관없이 찾아들고야만 평강에 의해 한층 고요해졌다.

'아! 어느 누가 이 평강을 앗아 갈 수 있으랴.'

200
내 삶의 등대를 세울 곳

삶의 등대를 세울 곳은 이런 곳이다. 산맥에 이어 달리다가 바닷물로 갈증을 달래려 멈춰선 해안가, 폭풍우가 산맥에 부딪쳐 바다로 휘돌아 가는 벌판. 거기에 굴곡지고 괭이 많은 나무로 삶의 등대를 세워야 한다. 그러면 등대 사방에 아스라한 물결이 아름답게 일렁일 것이다. 등대위에 앉아 지독한 권태를 즐기며 자신과 사물의 완성을 위한 의지가 담긴 목록을 기록해 놓자. 아직 삶을 결산할 순간은 오지 않았다.

201
미운 정, 고운 정

우리는 말하지 않아도 서로 잘 안다. 처음부터 벗이었기에 너무 많이 알고 침묵할 수밖에 없었다. 미운 정, 고운정이 섞여 정 때문에 울고 웃어야 했다. 비애와 탄식과 감탄과 절망과 희망의 시간을 함께 가졌으므로 서로 지식의 미소만 교환했다.

그대는 가장 고독한 나에게 저 태양에 앞서서 다가왔다. 그대의 아름다움에 가려진 채로, 내게 아름답게만 다가 왔다. 우리는 함께 위로, 우리 위로 올라가 구름 없이 웃는 법과 구름 없이 내려다보는 법을 배웠다.

202
도둑고양이 뜬 구름

나는 뜬 구름이 싫다. 도둑고양이처럼 뜬 구름 잡는 말로 '아멘', 그리고 '예'를 유발하는 내시(內侍)같이 어중간한 놈들을 싫어한다. 신과 사람을 '중재한다는 자들(mediators)'은 심장으로부터 축복과 저주를 배우지 못했다. 그런 뜬 구름에 하늘이 더럽혀지는 것을 보느니 차라리 디오니스

소스처럼 하늘을 닫은 통속에 앉아 있겠다.

그대 하늘이여, 빛의 심연이여! 뜬 구름이 그대를 향한 나의 '예'와 '아멘'을 강탈해갔다. 나는 의혹이 가득한 도둑 고양이가 내미는 안정보다 도리어 천둥과 번개와 소요를 갖고 싶다.

203
별빛 같은 가르침

'축복할 줄 모르는 자는 저주를 배워야 한다.'

맑은 하늘로부터 별 빛 나는 가르침이 내게 떨어졌다. 밤하늘에도 별은 반짝이고 있다. 모든 사물은 선악의 피안을 넘어선 영원한 샘물에서 세례를 받았다. 선과 악, 그 자체는 축축한 고뇌, 덧없는 그림자. 뜬 구름 같은 것이다. 모든 사물위에 우연과 순진과 위험이라는 하늘이 있다. 이는 결코 존재의 모독이 아니라 하나의 축복이다. 우연은 세상에서 가장 '오래된 고귀함(the oldest nobility)'이다.

우주에 획일화된 절대 의지나 궁극적 목적이란 없다. 이 진실을 가르칠 때 마다 만물은 자유와 쾌활한 푸른 종소리를 합창하며 함께 일어나 우연의 발로 신나게 춤을 춘다.

204
민중을 정중히 대하라

보라, 강물이 소용돌이치며 그 원천을 향해 역류하고 있다. 민중은 자신들의 덕을 부러워하는 자를 환호한다. 그들에게 필요한 미덕을 말하는데도 달가워하지 않는다. 농장의 암탉들이 낯선 수탉을 쪼아 대듯 소란스럽게 떠든다.

'이 낯선 이야기로 뭐하자는 거지? 부화뇌동(附和雷同)하지 않도록 우리가 조심해야지.'

암탉들이 쪼아대도 수탉이 원한을 품지 않듯, 작은 자에게 필요한 미덕을 말하는 자는 의심하는 민중을 끝가지 정중히 대해야 한다. 일일이 예민하게 반응하면 고슴도치가 된다.

205

최고 지배자가 최고 봉사자로 둔갑했다

참기름이 진짜라면 앞에 '진짜'라는 수식어가 불필요하다. 거짓 포장이 많은 가운데 제일 해로운 것은 지배자가 봉사자로 위장하는 것이다. 아! 지금 시대는 지배자가 위선의 성가(聖歌)를 소리 높여 부른다.

'나도 봉사하고, 그대도 봉사하고, 우리는 함께 봉사한다.'

슬프게도 제일의 지배자가 제일의 봉사자처럼 둔갑했다. 조금 더 호기심어린 눈으로 바라보라. 볕드는 창가에, 설탕물 묻은 창가에 위선자들이 파리 떼처럼 윙윙거리며 달려드는 모습을 드려다 볼 수 있다. 그들은 이를 '귀의(submission)'라 부르며 서로 사려 깊고 공손한 것 같다. 하지만 모래알과 모래알들이 모인 것과 다르지 않다.

이 모래알들의 작은 소망은 작은 행복을 엿보고 앗아가면서도 아무도 자신들을 해치지 못하게 하는 것이다. 이를 위해 미리 친절을 베풀고 이를 자칭 덕(德)이라 자화자찬하지만 분명히 비겁한 짓이다.

206
위선자들의 덕은 중용이 아니라 범용이다

위선자들은 참으로 영리하다 그들이 말하는 자칭 '덕'은 영리한 손을 가지고 있다. 그러나 '주먹'이 결여되어 있다. 손가락이 주먹 안으로 기어 들어가야 한다는 것을 모른다. 그들의 자칭 '덕'이란 길들이고, 겸허하게 만드는 것이고, 무조건 복종하는 것이다. 마치 늑대를 개로 만들어 인간에게 가장 충성하는 가축으로 만들 듯. 위선자들은 자신들이 원하는 자칭 '덕'의 세계를 만들면서 하는 말.

'우리는 항시 객관적이다. 죽어가는 검투사나 배부른 돼지나 누구에게도 등거리를 유지하고 있다.'

그들이 중용을 표방하며 텅 빈 웃음은 터뜨리고 있다. 이는 중용(中庸)이 아니라 범용(汎用)에 불과하다.

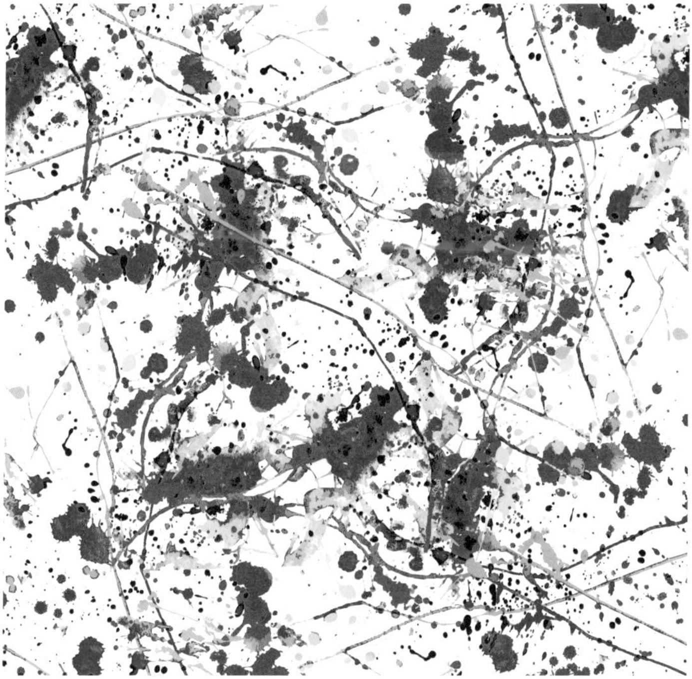

207
우연들을 푹 삶아 음식으로 즐겨라

나는 자라투스트라이다. 무신론자이며 신을 경멸하는 자이다. 나와 동등한 자가 누구인가? 자기 의지대로 삶을 살고 모든 종교적 귀의를 버린 자들이다.

나는 모든 우연들을 내 그릇에 푹 삶아 음식으로 삼는다. 참으로 수많은 우연들이 도도히 다가왔으나 내가 더 도도하게 대하자, 모두가 무릎 꿇었다. 내게 거처를 얻고, 내 집중적인 관심을 얻기 위해서 아첨하며 애원했다.

'그렇다, 친구들이여, 한 그루의 나무가 커지려면 단단한 바위에 단단하게 뿌리를 내려야 한다.'

208
위대한 대낮은 오전의 의욕이다

그대가 원하는 일을 무엇이든 하라. 그러나 먼저 그와 같은 의욕(意慾)을 가져라. 오전의 위대한 의욕이 위대한 대낮으로 나아간다. 그대 이웃을 자신처럼 사랑하고 싶은가. 오전에 먼저 자신을 무시로 사랑하라. 오전에 품는 위대한 의욕은 축복받은 번개이다. 어느 날, 이 번개가 불꽃 혀를 지닌 전령자(傳令者)가 되리라. 그들이 불의 혀로 선포하리라.

'위대한 대낮이 다가오고 있다.'

209
세계를 저울질하는 인내와 여유

나의 꿈은 용감한 뱃사공이 되어 절반은 배처럼 절반은 폭풍처럼 지내는 것이다. 그리하면 나는 세계를 저울질하는 여유와 인내를 갖게 되리. 정확한 판단으로 과감한 행동을 위한 전조(前兆)인 저울질을 끝내고, 곧 나비처럼 파도를 타며 익힌 침착함으로 송골매처럼 파도와 맞선 강인함으로 세계를 개척해나가리라. 낡은 것에 매이지도 않고, 새로운 것에 쫓기지도 않고, 유한(有限) 세계를 관조하리라.

210
사이비 현자들에게 이기심을 남용하라

힘이 있는 곳에는 숫자가 주인이 된다. 숫자가 무엇보다 더 많은 힘을 갖는다. 세계에서 가장 저주받은 세 가지가 '색욕, 권력욕, 이기심'이다. 이 세 가지를 인간적으로 생각해 보라. 색욕은 결혼과 그 이상의 많은 상징적 약속이 들어 있다. 권력욕, 그것은 허영에 들뜬 군중들 위에 앉은 사악한 쇠파리이며 어떤 말(馬)이나 어떤 오만위에도 기꺼이 올라탄다. 이기심의 눈초리 앞에 인간은 뱀과 돼지보다 더 천하게 웅크리고 기어 다닌다.

사이비 현자나 사제들은 이기심을 버리고 노예가 되라고 설파한다. 탄식하는 어둠속에서도 '모든 것은 허망하다'고 달콤쌉싸름하게 떠든다. 밤 그림자 같은 사이비 지혜는 사람을 '발라당' 뒤로 눕는 강아지처럼 비천하게 만든다.

그대여! 사이비 현자들 앞에서는 이기심을 남용하는 것만이 참된 덕이다.

211

원래 길은 없었다

사람들이 하늘을 나는 법을 배우기 시작하면 언젠가 모든 경계표지(landmarks)를 움직여 공중으로 날려 보내고 말 것이다. 그런데도 대지의 삶이 무거워 날지 못하는 자는 경주마보다 빠른 타조처럼 달려가다가 끝내 그 머리를 대지 속에 묻고 말 것이다. 날기 원하는 가? 기만과 위선을 버려라. 인간은 요람에서부터 '단 하나의 사다리로 높은 곳에 오리라'는 '중력의 정신'에 사로 잡혀있다. 이 가르침을 버려라.

오직 '이것만이 길인데 너의 길은 어디냐?'고 묻거든 '이것이 나의 길이다 원래 길이란 존재하지 않았으므로'라고 가르쳐 주라.

212

자기에게 명령할 수 없는 자는 복종해야만 한다

보라! 여기 새로운 경전(Tablet)이 있다. 누가 나와 함께 새 경전을 육체의 심장에 품고 골짜기 속으로 가려는가? 그대 이웃을 염려하지마라. 인간은 초월해야 할 무엇이다. 광대는 인간을 얼마든지 뛰어 넘을 수 있다는 것을 잘 알고

있다. 이웃사이에서도 그대 자신을 초월하라. 그대가 잡을 수 있는 권리를 이웃이 그대에게 주도록 허용해서는 안 된다. 자신에게 명령할 수 없는 자는 복종해야만 한다.

213
고통 속에 쾌락보다 더 많은 지혜가 있다

일부로 고통을 추구할 필요는 없으나, 고난은 쾌락과 마찬가지로 삶의 과정을 구성하는 필수 요소이다. 쾌락과 고통은 결코 가치의 궁극적 질문은 될 수 없다. 무엇인가를 이루려는 과정에 부수적으로 따르는 상태이다. 종의 보존과 행위의 대안을 모색하라는 경고 신호가 고통이기 때문에, 그 속에 석류 같은 지혜가 많이 들어 있다.

불쾌와 쾌락은 긴밀히 연결된 상호의존이다. 불쾌가 없다면 쾌락도 의미를 잃는다. 쾌락을 많이 누리고자 한다면 당연히 고통도 많이 가져야 한다. 사랑의 환희는 이별의 아픔을 잉태하고 있다. 부활한 것 같은 환희를 체험하려면 그에 앞서 죽을 것 같은 아픔도 받아들여야 한다. 정신의 마지막 해방 출구는 고통이다. 고통만이 우리를 최후의 승리로 이끌어갈 수 있다.

214

신귀족은 스스로 생산하는 자이다

형제들이여, 그대들에게 신귀족의 작위를 내리노니 발을 갈고 미래의 씨를 뿌려 생산자가 될지어다. 이런 작위는 장사꾼의 금으로 살 수 있는 것이 아니다. 가격이 정해진 것은 모두 가치가 없는 것들이다.

새로운 귀족으로 서품 받은 나의 형제들이여. 뒤를 돌아보지 말아야한다. 그 대신 밖을 응시하라. 어버이와 조상의 땅에서 추방당해 그대들 아이들의 땅을 사랑해야만 한다. 미지의 머나먼 바다를 찾아 항해하고 또 항해하듯이 모든 과거를 씻어내고 구제해야한다.

215
누구에게도 길을 묻지 말라

그대들은 누구에게도 길을 묻지 말라. 나도 길을 가르쳐 주지 않는다. 왜냐, 길은 존재하지 않기 때문이다. 그 대신 나는 이렇게 물으련다.

'이것이 나의 길인데, 그대의 길은 어디 있는가?'

길이란 얼음구덩이와 높은 산을 찾아 헤매는 것이다. 이것이 새로운 철학이다.

지금껏 진리는 오류라는 맹목 뒤에 숨은 비겁이었다. 이제 이상은 경외대상이 아니라 도전대상이며 또한 욕망은 허락되지 않은 모든 것을 갈망하는 것이다. 앞으로 우리의 영광과 품격은 '어디서 왔는가'가 아니라 '어디로 가는 가'이다.

216
자신의 손과 발로만 명예를 삼으라

절대 권력은 절대 부패한다. 근거 없는 절대 진리는 절대 거짓이다. 자기 초월의 의지와 자기의 손과 발로만 자신의 명예를 삼으라. 진실을 말하는데, 왕에게 봉사하는 것은 명예가 아니다. 이제와 그리 한들 그따위가 무슨 명예란 말인가?

왕을 방패삼아 자기 자리를 지키려 한 짓인데 명예로울 수가 없다. 가족과 지인이 궁정에서 지내고, 홍학처럼 꾸민 채 궁전의 얕은 연못가에 서있다 하여 명예를 삼을 일이 아니라 부패의 시한폭탄을 안고 지낸 대가를 공중목욕탕에 지불해야 한다.

217
마음의 풍경이 세상이다

세상은 마음의 풍경이다. 그래서 마음이 청결한 자에게 모든 것이 깨끗하다고 말들 한다. 하지만 나는 말하련다.

'돼지에게는 모든 것이 돼지답게 된다. 광신도에게 세계는 구원받아 할 괴물이다. 그렇다면 그들 모두 더러운 정신의 소유자들이며 세상의 평화와 안식을 모르는 내세론(來世論)자들이다.'

그대의 마음 풍경이 세상의 모습이다. 세상이 불완전하고 개선해야 할 부분이 있지만 전면 부정해야할 만큼 태생적 괴물은 아니다.

218
세상의 이면을 직시하라

세계는 사람처럼 앞과 뒤가 있다. 청결한 곳도 있고 더러운 것도 많다. 그렇다고 세계 그 자체가 괴물은 아니다. 설령 세상의 이면이 악취가 나고 혐오스러워도 그 혐오가 창조적 힘과 날개를 만들어낸다. 세상의 이면에 표백제를 뿌리면 세상이 밝아지는 것이 아니라 '죽은 시인의 사회'가 된다. 최고의 베스트 속에도 악취는 있다. 사실 최고의 베스트라는 평가 그 자체도 극복되어야 한다. 오 형제여! 세상의 더러운 뒷골목에 더 많은 지혜가 있다.

219
경멸하는 적을 두지마라

나는 천재보다 용기 있는 자를 사랑한다. 인성이 결여된 천재는 교활하기 쉬우나 용기 있는 자는 교활하지는 않다. 그러나 무조건 싸우려고만 하지 말라. '언제, 누구에게, 어떤 방식'으로 검을 사용할 것인지를 알아야한다. 참된 용기는 싸울만한 가치를 느끼지 못하거나 참아야 할 때는 조용히 지나간다. 진정 싸울 가치가 있는 적과의 명승부를 대비해 우선 자신을 소중히 지키는 것이다. 오합지졸이 떠드는 잡다한 소리는 못들은 척 지나쳐라.

그들이 무엇을 찬성하고 반대하는지는 맑은 눈으로 조용히 살펴만 보아라. 그렇게 보는 것도 칼을 쓰는 것이나 똑같다. 싸워봐야 경멸밖에 남지 않는 적은 무시하고, 싸워서 진보가 있는 적을 두어야한다. 적들도 서로 자랑스러워해야 한다.

220

이혼의 위기를 넘기려면

이혼의 이유는 너무 성급하게 혼인했기 때문이다. 그래도 결혼생활이 왜곡과 사기로 점철되는 것 보다야 이혼이 낫다. 이혼을 한 어느 귀부인이 이렇게 고백했다.

'내가 결혼을 파기했지만, 먼저 나를 파기한 것은 결혼이었다.'

결혼은 쌍방계약인데 이혼 전에 이미 이 계약이 산산조각 나 있었다는 말이다. 원한 관계 중 가장 복수심이 큰 사이는 서로 미워하는 부부들이다. 왜곡된 부부사이의 증오는 빙벽보다 크다. 그래서 나는 이혼을 하려는 부부에게 먼저 권한다.

'결혼의 지속을 위해서 우리의 계약이 어디서부터 잘못되었는지, 또 서로가 맞는지 알아보기 위해 일정기간 떨어져 지내면서 가끔 만나 작은 결합을 시도해 보라.'

221

존재의 순환

만물은 가고 만물은 다시 돌아온다. 존재의 수레바퀴는 영원히 굴러간다. 너와 내가, 그리고 그가 태어나고 사라지고 다시 나타난다. 또 열매가 땅에 떨어져 꽃을 피운다. 무엇이든 헤어지면 무엇이든 새로이 만난다. 존재의 집은 매번 같은 방식으로 스스로를 세운다. 존재의 순환만이 영원히 유일한 진리이다. 매순간 '여기' 주변에 '저기'의 공이 굴러 간다.

중심은 어디에나 있다. 영원의 그 길은 둥그렇게 구부러져 있다. 영원히 구르는 존재의 수레바퀴를 따라 모든 것은 사라지나 모든 것이 다시 꽃을 피우는구나. 매순간 존재는 시작된다. 존재의 반지는 항시 계속된다.

222
무기력 뒤에 맹신이 숨어있다

당신은 누구를 맹신하는가, 영웅, 스타, 정치인, 학자들인가? 무엇을 맹신하는가, 돌, 태양, 성자. 경전 등인가? 맹신은 무기력의 뒤에 숨은 오류이다. 진리의 기준은 오직 자기 정신을 얼마나 지탱하고 용기를 주느냐에 있다. 자기 진리에 선 사람은 자신에 대한 명료함과, 단호한 용기로 거짓의 필연성을 별 노력 없이 추방한다.

223
빛처럼 부정의 폭풍을 뚫고 나가라

세계는 단 하나의 현실만이 존재한다. 참된 이데아의 세계와 거짓된 현실 세계사이의 대립은 존재하지 않는다, '오늘'을 '일찍이', '옛적에' 라고 말할 수도 있어야 한다. 그대 안목은 '여기'와 '저기' 와 '저곳'을 넘어서서 춤을 출 수 있어야 한다.

모든 어두컴컴한 구석에서 나와 먼지와 거미를 털어내라. 구석의 덕과 보잘것없는 승리를 벗어버리고 벌거벗은 채로 태양 앞에 서라. 빛처럼 조용히 부정의 폭풍을 뚫고 나가라. 운명이라는 것 앞에 무릎 꿇고 경의(敬意)하지 말고, 맞서서 변경해가라. 그대의 생에 새로운 명칭과 즐거움이 따르리니.

224

우리 모두 내면에 황금이 빛나고 있다

각자 자기의 삶을 들여다보라. 황금이 빛나고 있다. 밤 바다위에 서 있는 작은 황금 배와 같다. 이것을 본 우리 심장이 익히 알고 있고 즐거이 대답할 수 있는 정겨운 질문을 받은 것처럼 도취되었다. 그러자 내 발은 웃으며 춤을 추기 시작했다. 그때부터 나는 수면위에 작은 황금 배가 가는 듯 마는 듯, 끊임없이 잠겼다 다시 떠오르며 섬처럼 빛나고 있다.

225
첫째부터 열두째

첫째! 오~ 인간이여, 일단 주의(注意)하라.

둘째! 깊은 밤중의 이 소리는 무엇인가?

셋째! 나는 깊게 숙면을 취했다.

넷째! 나는 깊은 꿈속에서 '깨어났다'고 주장했다.

다섯째! 세계는 깊고 깊도다, 그리고……

여섯째! 대낮은 보고 읽을 수 있는 것들 보다도 더 깊도다.

일곱째! 깊은 중에 세계의 고뇌가 있다.

여덟째! 고뇌의 슬픔보다는 고뇌가 빚어내는 열락(悅樂)이 더 한층 깊구나, 그랬더니……

아홉째! 고뇌가 말한다 "열락이여 즉시 사라지라"고.

열째! 그러나 모든 열락은 영원을 윤회한다.

열한째! 그대여 심장(深長)한 영원을 원하는가? 그러면……

열두째!!!

226
대낮의 숨죽인 행복

내 영혼이여 행복을 노래 부르려는가. 지

금 초원에 그대가 누운 이 시각은 어느 목동도 피리를 풀지 않는 은밀하고 엄숙한 순간이로다. 주의하라. 따가운 대낮이 들판에 주무시고 있다. 쉿, 노래하지 마라. 풀벌레조차 숨죽인 완벽한 세상이다. 내 영혼아, 속삭이지 말라. 보라 늙은 대낮이 자고 있다. 그가 입술을 달싹여 혓바닥으로 한 방울의 행복을 적신다.

어디에서 행복이 웃고 있는가? 아주 작고, 그렇게 조용하고 더할 나위 없이 가볍고, 작은 도마뱀의 바스락거리는 찰나, 순간의 스침, 순간의 호흡, 이처럼 작고 또 아주 작은 것들이야 말로 행복의 본성이다. 그러므로 조용하고 네 모든 행위가 영원히 회귀할 것처럼 행동하라.

227
걱정 많은 사람들이 자답할 것

'어떻게 살아가지?' 걱정이 많은 사람들은 수시로 묻는다. 그러나 질문하는 대신 이렇게 먼저 자답(自

答)해야 한다. '언제나 극복해 왔지.' 극복은 자기 심장 가까이 있다. 인간이 인간다운 것은 인간의 모든 삶이 과도(過渡)이기 때문이다. 과도이기에 희망도 있고 애정도 있다. 삶이 정지되거나 종말에 서 있다면 희망과 애정도 멈춘다. 난관 속에 담긴 작은 지혜는 인내를 통해서만 드러난다.

그대여, 오늘을 어떻게 살아야 하는 지 묻지 마라. 이미 극복이 가까이에 다가와 있다.

228
용기는 은자처럼, 독수리처럼

그대의 용기는 무엇인가? 과시인가, 만용인가. 은자(隱者)의 용기를 가져라. 하느님 따위는 거들떠보지 않고 은자의 용기는 독수리와 같다. 그대는 참된 용기를 아는가? 외쳐야 할 때 독수리처럼 내리꽂을 수 있는 용기를 가졌는가? 언제나 식어있는 영혼, 언제나 떠들어대는 술고래, 언제나 짐을 지고 있는 노새를 용감하다고 하지 않는다. 두려움도 알되 정복하는 것이 참된 용기이다. 지옥의 심연도 독수리의 눈으로 직면(直面) 하되 독수리의 발톱으로 움켜쥐는 자, 그런 자가 용기 있는 자이다.

229
성공적인 목장 주인

인간의 내면에 숨겨진 농장이 있다. 농장 아래 분출될 시간을 예측하지 못하는 활화산이 있다. 자기 힘이 충분한 사람은 내면의 농장을 아름답고 목가적으로 가꾼다. 그러나 자기 욕망에 끌려 다니는 자는 화산이 폭발하여 목장까지 불태운다. 자기 가슴에 깃든 욕망대로 따라다니지 말지니, 스스로 통제하는 자가 목장 주인으로 크게 성공하리라.

230

지혜의 축적은 구름처럼

벼락 치지 않는 번개는 소용이 없다. 그래도 그런 번개를 치우지 말고 자신을 돕는 도구로 사용하라. 너의 지혜를 하늘의 구름처럼 축적해 두어 더 고요하고 더 어둡게 하라. 모든 지혜는 그렇게 되어 어느 날 벼락 치듯 발생한다.

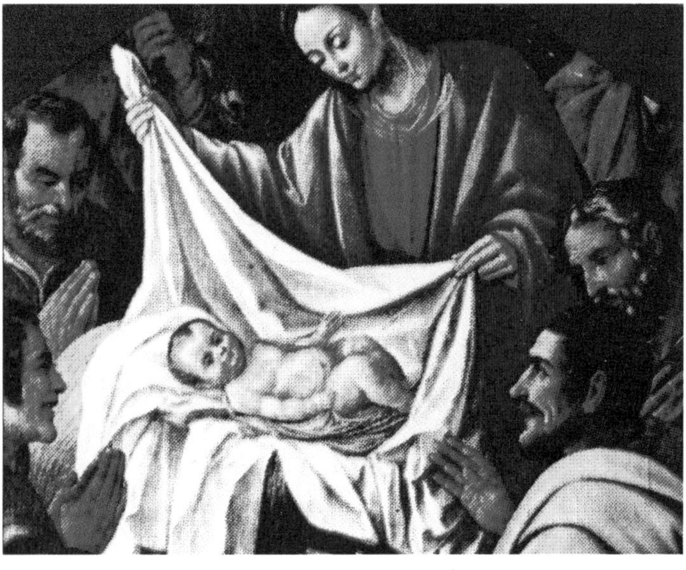

231
무조건 복종에 대해서 악해져라

'인간은 악하다.' 지나간 현자와 종교들은 대중에게 위로 받으라고 말했다. 만일 오늘날도 그것이 진실이라면! 악은 인간 최고의 힘이다. 그렇다면 이렇게 말해야 한다.

'인간은 더 좋아지며 더 악해져야 한다.'

초인이 되기 위해서 무조건 복종에 대해서만큼은 악해지는 것이 가장 필요하다. 인간의 죄를 먹고 사는 설교자들에게 인간의 죄악과 그 죄를 짊어지는 인간이 좋았을 것이다. 이제 우리에게 커다란 위안은 큰 죄악을 즐기는 일이다. 설교자들이 죄인이라 불렀던 인간들에게 더 인간적이 되라고 해야 한다.

'인간적인 너무나 인간적인' 인간들이 되라. 물론 이는 당나귀 귀에 대고 할 말이 아니다. 모든 말이 누구의 입맛에 다 맞는 것은 아니니, 발밑에 있는 심오한 진실을 잡기란 쉽지 않구나.

232
건전한 불신

그대여, 이제는 건전한 불신(不信)을 가져라. 솔직하고 용기 있는 자들이여! 오늘날 대중의 시대에는 이성을 감추어라. 대중은 이성 없이 믿는 법을 배워왔다. 그들은 보고 싶은 것만 보고, 듣고 싶은 것만 듣는다. 누구든 그들이 믿기로 작정한 것을 이성에 맞게 뒤집기란 어렵다.

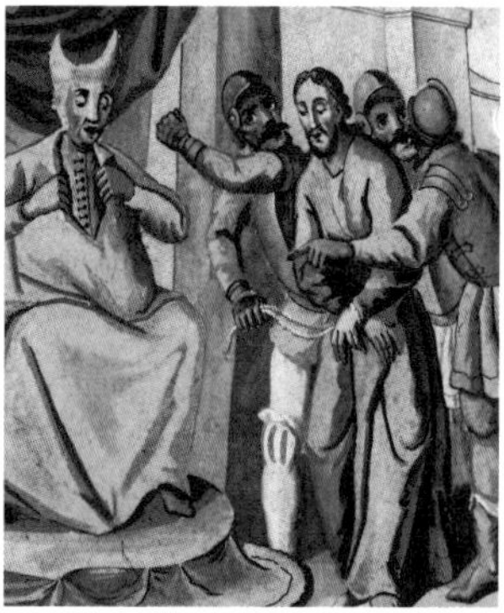

시장에서 대중은 몸짓으로 설득당하지만 이성은 믿지 않는다. 설령 시장에서 진리가 드물고 한 번쯤 승리할 수는 있다고 해도 건전한 불신으로 물어보라. '얼마나 강력한 실수가 진리와 싸워왔던가?'

233
하얀 거짓말

창조력이 없는 학자들의 '앵무새 입술'도 주의하라. 그들의 입술은 어떤 새의 깃털도 일일이 뽑을 만큼

차갑고 메마른 이빨을 가지고 있기 때문이다. 거짓말하지 않는 것을 자랑하지만, 거짓을 꾸밀 능력이 없는 것과 진리를 사랑하는 것과는 전혀 다르다.

조심하라. 열광에서 자유로운 것과 지식에서 자유로운 것도 다르다. 나는 냉동화(冷凍化)된 영혼을 믿지 않는다. 거짓말 할 줄 모르는 자는 진리가 무엇인지도 모른다.

234
피해야 할 단서 조항

높이 비상하려거든 그대 발로써 하라. 다른 무엇의 힘으로 옮겨져서는 안 된다. 타인의 등이나 머리에 올라타지도 마라. 기만당하지도 강요당하지도 말고, 각자 우리는 자기 아이만을 잉태해야한다. 이웃이란 무엇인가? 이웃은 나귀도 아니고, 공중 그네도 아니다. 이웃을 위한 일은 할 수 있다.

그러나 서로 창조 당하지는 않으려면, '…… 를 위하여'라는 말을 잊어라. 어떤 일을 할 때 '…… 를 위하여'와 '…… 때문에', '……를 목적으로'라는 단서조항에 매이지 마라. 이런 '좀스러운' 거짓말로부터 귀를 막아라.

235
개인의 선과 구조적인 선

'이웃을 위하여'라는 구호는 소견이 좁은 사람들의 미덕이다. 나태해진 국가는 개인들에게 이웃을 방치한다. 개인적인 이웃 봉사는 주로 '우리들 끼리' 위주로 뜨겁게 진행된다. 그 열기에 그들의 '끼리끼리'를 벗어나지 못한다. 다른 모든 것들을 전체적으로 존중하려는 권력의지가 소멸된다. 전체적 사랑이 있는 곳에 전체적 미덕이 있다. 이웃이란 바로 특정 개인보다는 전체를 존중하는 사업에 대한 그대의 '의지'여야만 한다.

236
성자의 길은 어리석은 길

자기 능력이상으로 덕을 베풀려하지 말라. 그러면 응답 없는 괴로움에 지칠 뿐이다. 가능성이 없는 곳에서 무리하게 덕을 찾지 말라. 무명의 개인을 닦달하고 꾸짖던 옛사람들의 악독이 있는 곳에서 성자가 되려고 하지마라. 그들은 거룩한 수도원을 건립해놓고 입구에 '성자의 길'이라고 새겨 놓았다. 그 길에서 얼마나 많은 재물이 공중으로 날아갔던가.

재물로 바친 벼이삭은 다시 수도원 안방에 은밀히 내려앉았다. 성자의 길을 따르는 것은 어리석은 길을 걷는 것이다. 그대 첫 수확의 기쁨을 오롯이 누리고 싶은가. 마지막 수확이 되지 않도록 성자의 길을 살펴보고 멀리 벗어나라.

237
지체 높은 자들에게

높은 사람들아, 지체 높을수록 세세한 일 하나를 성공하기가 어려우니 그대들 모두 실패자들이 아니던가? 그러나 기뻐하라. 가능성이 많으니 먼저 스스로 웃는 법을 배우라. 절반의 성공과 실패를 자연스럽게 받아들여라. 인간의 심오한 것과 별처럼 높은 이슈들이 그대들의 항아리들 속에서 거품을 내고 있다. 어떤 항아리가 깨졌다고 해서 놀랄 일이 아니다.

그럴 때마다 웃어넘길 수 있도록 스스로 웃는 법을 배우라. 지금까지 많은 일을 성취했듯이 앞으로 얼마나 많은 일들이 가능한지를 바라보는 웃음을 지어라. 그 웃음이 그대들에게 희망을 가르친다.

238
현대 정신을 찬양하라

산과 동굴에서 바람이 쏟아져 나오는 듯 행동하라. 이 바람이 자기 피리소리에 따라 춤을 추며 폭풍이 되자, 그 춤 자욱 아래 바다조차 떨면서 뛰논다. 폭풍은 자유분방한 현대 정신이다. 암사자의 젖을 마시고, 날개를 단 나귀처럼 현대정신이 이 시대 모든 이에게 포효하고 있다. 모든 비관자의 먼지를 털어 내면서 폭풍이 웃고 있다.

이 폭풍을 찬미하라. 아직도 가능한일이 얼마나 많이 남아있는가. 긍정의 웃음을 신성한 것으로 선언하고 부디 모든 우수를 잊어라.

239
마술사들의 그물

순진한 영혼을 흔드는 설교자들의 바람은 곧 지나간다. 그들은 억압당한 질투심과 상처받은 자부심으로 뒤엉킨 복수심을 품고 독거미처럼 몸을 숨긴다. 스스로 '의롭고 선 한자'라고 하나 사실은 오직 뭇 머리의 권력만을 노리고 있다. 고상하게 순결을 찬미하면서도 은밀히 순진한 이들을 포획한다. 정신적 양심자만이 악을 탄식하는 마술사들의 사기에 넘어가지 않는다.

저 오래된 늙고 늙은 마술사가 뿌려 놓은 기만의 악령을 자기 안에서 축출하고, 참으로 다른 존재가 되라. 자유로운 영혼들은 이렇게 말하라. '나에 대해 찬미하리라. 설교자들이 나를 그들과 다른 사람으로 볼 수 있도록.'

240
좋은 음악의 여운에 머물라

훌륭한 음악은 훌륭한 반향을 원한다. 반향은 공감이 있는 여운이다. 그대가 좋은 음악을 들은 후 반향 속에 지내고 싶은가. 잠시만 고요 속에 지내라. 여운이 가슴에 머물도록. 좋은 음악이 주는 여운은 가슴속에서 자긍심을 주어 생의 의지를 솟구쳐 준다.

241

좋은 지도자

대지가 흔들리고 모든 것이 격동하는 오늘날, 그대들은 더 큰 전율, 더 큰 모험, 더 큰 지진을 원하라. 야수처럼 숲속과 동굴과 가파른 산과 미로의 협곡을 원하고 또 원하라. 현재의 고통을 긍정하는 곳에 삶의 구원이 있다. 날 수 없는 사람들에게는 하늘 더 높이 나는 사람일수록 더욱 작게만 보인다. 당파와 민족, 종파 속에 매인 자들은 그 무리의 중력 때문에 높이 날수 없다.

중력을 벗어나 높이 나는 자들에게 광기란 없다. 청년들을 생각이 같은 집단속에 묶어두라. 광기로 타락하리라. 현대처럼 흔들리는 터전위에서 좋은 지도자란 누구던가? 모험을 포기하게 만드는 자가 아니라 오히려 정해진 길에서 벗어나게 하는 자들이다. 그런 지도자들을 옹립하면 조직마다 큰 기쁨을 누리리라.

242
공포와 인륜도덕과 과학

인간의 생래적(生來的) 감성의 핵심에 공포가 있다. 공포는 불완전한 인간의 다른 모든 감정의 모체이다. 여기서 나의 미덕도 나왔고, 기술도, 과학도 출발했다. 심지어 죄와 기술과 인륜도덕도 생산되었다. 인간의 공포는 야수로부터 배양되어 무의식에 숨은 '내적야수(內的野獸)'로 진화했다. 그토록 오래되고 낡은 공포가 구름옷을 입고 종교가 되었고, 마침내 지적으로 세련되어 과학이 되었다.

243
공포대신 용기를

구름옷을 입은 종교는 공포를 내세까지 확대했으나. 과학은 치밀하게 공포를 인간에게 예외적인 존재로 만들고 있다. 원시 때부터 간직해온 인간의 핵심 감정인 공포의 자리를 용기가 대체하고 있다. 전 역사를 통해 인류는 야수의 모든 능력을 시기하고 모방하며 독수리의 날개. 호랑이의 발톱, 기린의 목, 코뿔소의 힘, 타조의 스피드를 뛰어 넘게 되었다. 비로소 지적인 미를 갖춘 인간이 된 것이다.

그대도 공포의 자리에 용기를 모셔라.

244

나귀의 세 번 긍정

나그네는 그림자이다. 그림자가 '아멘 송'을 그치면서부터 우중충했던 동굴에 활기와 웃음소리가 되살아 났다.

'영광과 찬양과 지혜가 영원 무궁히 우리 신에게 있을지어다.'

여기에 나귀는 '아멘'으로만 화답하고 얼른 입을 꽉 다문다.

'신은 우리 짐을 대신 지고 간다. 그대는 누구에게도 뒷발질 하지 말고 오직 긍정만 말해야한다'

여기에도 나귀는 다시 아픈 머리를 끄덕이며 아멘이라 표시한다.

'선악의 피안에 그대 나그네의 영토가 있도다.'

여기에도 나귀는 두 눈을 질끈 감고 입으로만 아멘하고 잠자기 시작한다.

245

환희는 모든 것을 원한다

모든 환희는 모든 사물의 영원성을 원한다. 꿀을 원하고, 그늘을 원하고, 무덤과 우는 자를 원하고, 위안을 원하며 붉게 물든 저녁 노을을 원한다. 환희가 모든 것을 원한다. 환희는 모든 걱정보다도 목마르며 굶주려있고, 다정하고 끔찍하며 신비롭다. 환희는 스스로를 물고 있고 스스로 순환 속에서 꿈틀댄다. 환희는 깊고 깊은 영원을 원한다.

246

도취의 노래

오, 인간이여! 한밤의 소리가 무엇을 말하는가. 나는 잠을 잤다. 깊은 꿈에서 깨어 나보니 세상이 깊다. 한낮에 이해할 수 있는 것보다 훨씬 깊다. 열락(悅樂)이 '영원' 을 원하자 비애가 '그만'이라고 했다. 그러니 세계의 열락은 비애보다 훨씬 깊고도 깊도다. 이것을 지켜본 나는 도취의 노래를 이렇게 부르기 시작했다. '어떻게 해야 행복할 수 있을까를 생각하지 마라, 열락이 이미 그대 것이니.'

247
천재가 세상을 견디려면

평범한 사람들과 다른 세계를 엿보는 천재가 어떻게 해야 세상을 견딜 수 있을까? 세상에 대해 감사하고, 세상을 위해 행동하는 일이다. 다른 세상을 보는 안목만큼 가슴이 넓어야 하고, 세계의 심연을 깨닫는 지혜만큼 손과 발로 분명한 실천이 필요하다. 보통사람들이 자신을 이해하지 못한다고 비난하지 말고, 모두가 이해할만한 기본적인 일부터 차근차근 익혀나가야 한다.

천재 중 현실에 뿌리를 내린 자들은 먼저 땅을 파고 씨를 뿌리는 법부터 배우고, 싹이 나서 수확할 때까지 필요한 거름을 찾아 뿌리며 현실적 기초를 다져나갔다.

248
'몸의 소리'를 들어라

인간에게 필요하고 충분한 모습은 '맨 몸'이다. '맨 몸'은 하나의 몸짓으로 다양한 의미를 표출한다. 에덴동산에서 인간이 '맨 몸'에 걸친 무화과 나뭇잎은 인간의 사상이 되었고 감수성이 되었다.

그대여, 그대의 사상과 감수성 뒤에 누가 있는가. 바로 벌거벗은 몸이다. 그 몸의 소리를 듣고, 몸의 감각을 최대한 사랑하라. 몸의 관능과 감각이 승화하여 예술과 문화가 되었다. 커다란 이성인 몸의 놀이도구가 작은 이성인 정신이다.

249

자주 움직여라

그대여, 할 수만 있으면 앉아 있지 마라. 잠자는 것을 제외하고 일할 때도 쉴 때도 식사를 하면서도 움직일 수 있다면 움직여라. 커다란 이성인 신체가 움직여야 작은 이성인 정신도 깨어 난다. 신체가 잠들 때 정신도 차츰 잠이 든다.

인간은 적전(嫡傳)으로 신체이다. 춤추는 자연과 더불어 자유로운 신체에서 나온 사상이 아니라면 아무리 그럴듯한 설교도, 강의도 믿지 마라.

250
그리스 신화의 정당화

고통의 세계를 견디기 위해 개개인들은 '구원(救援)의 환영(幻影)'을 만든다. 표류하는 인생의 조각배에 앉아 이 환영을 관조한다. 그리스인들도 전율과 공포를 이기려고 올림포스 신들을 만들었다. 그들에게 가장 큰 전율은 자신이 죽는다는 것이고, 그 다음으로 누구나 언젠가는 죽는다는 것이다.

삶에 대한 이러한 비탄은 올림포스의 신들로 하여금 인간적인 삶을 살게 하면서 삶에 대한 찬가를 부르게 했다. 이것만으로도 그리스 신들의 존재는 충분히 정당화된다.

251
마무리를 잘하라

무슨 일이든 시작과 끝이 있다. 가장 좋은 일은 시작은 힘들었지만 끝이 좋은 것이고, 그다음은 시작과 끝이 모두 좋은 경우이다. 마지막은 시작과 끝이 다 나쁜 것이다. 건축가의 윤리란 건물을 준공한 후 깨끗이 치우는 것이고, 교사의 윤리란 교육의 결과로 학습자가 성숙하는 것이다. 일상의 윤리는 우리가 무엇인가를 했을 때 뒷정리를 깔끔히 하는 것이다. 무엇이든 마무리를 잘하라.

252
그대의 인생 숙제

각자의 인생에서 풀어야할 최고의 숙제는 자신의 꿈을 실현하는 일이다. 그대는 꿈에 책임질 수 없을 만큼 허약한가. 그렇다면 강인해져라. 자기의 꿈 이상으로 자기 자신인 것도 없다. 그 꿈을 이루는 것이 곧 자기를 실현하는 것이다. 자기의 꿈이 실현되도록 책임을 져라. 인생최고의 숙제는 이루어야만할 꿈을 전력을 다해 성취하는 것이다.

253
고뇌의 효과

고뇌는 누구나 모두 갖고 있다. 그렇지만 누구나 좌절하지는 않는다. 왜 고뇌가 어떤 이에게는 보약이 되고, 또 다른 이에게는 독약이 될까? 바로 고뇌에 대한 감수성 때문이다. 고뇌를 심각하게 받아들이면 그 자체가 새로운 문제를 야기한다. 고뇌는 고뇌 나름대로 따분한 사람에 도전 과제를 주

어 활기차게 해주는 효과가 있다.

254
고뇌에 예민해지지 않으려면

너도 나도 명시적인 목표를 세운다. 그러나 진정한 목표는 아직 환상에 가려있다. 아직은 '거인왕국의 괴물'을 죽여야 한다. 그대의 '마법 거울'에 비치는 메두사의 환영은 무엇인가? '운수(運數), 징크스, 사주팔자, 예언서, 서낭당, 산신령, 참언, 기도회 등등, 앞날을 점지하는 초월적인 뭔가를 기대는 심리가 바로 '메두사의 환영'이다. 이 환영이 우리의 발길을 잡고 늘어진다.

'네가 그러면 안 좋은 일이 생길거야', '복채도 내고 헌금도 내고 보시도 해야 일이 풀리지', '기도도 안 하고 예불도 안해서 힘든 거야.'

이제 메두사를 죽이고 공포의 세계관을 극복해 나가야 한다. 그런 후에야 한없이 고뇌에 예민한 감수성을 정복할 수 있다. 메두사의 공포스런 환영이 사라져야 자유롭고 고무적인 연(延)을 그릴 수 있다.

255

계획 실행의 세 단계

계획이란 사물위에 고무적인 환영을 펼치는 과정이다. 그래서 계획을 세울 때에 두근거리는 쾌감이 따른다. 우리의 의지는 계획을 이루기 위한 수단을 발견하기 위해 어떻게 움직일까?

첫째, 활발한 의지는 소크라테스처럼 인식의 기쁨에 매료한다. 즉 인식의 지평이 넓어지는 기쁨이 새로운 해결방식으로 연결된다.

둘째, 굳센 의지는 거짓 위로에 속지 않는다. 현상의 종말에 영원한 삶이 있다거나 현상위에 천상천하 유아독존의 감독관이 있다는 사기꾼들을 비웃는다. 거짓위로에 속고 현실적 해결방식을 찾는다.

셋째, 현명한 의지는 큰 계획일수록 현실은 무(無)에 가깝다는 것을 잘 안다. 이 간극을 견디며 메워가기 위해 희망과 역경 등 여러 경우를 만난다. 이럴 때마다 음악과 미술과 소설 등 시공을 초월한 예술을 동반자로 삼고 극복한다.

256
아름다움은 생존가치

진정한 아름다움은 무엇인가? 삶에 유익하고 유용하여 상승시키는 것이다. 따라서 미학은 생물학적 생존가치이다. 그러한 가치를 무시한 아름다움은 무의미하다. 아름다움이 삶을 상승시키는 가치가 되면서 미학의 내용은 형식이 아니라 신체적 쾌적성이 되었다.

미학의 1장인 존재론은 '가벼운 것이 선(善)하고 부드럽게 잘 흘러가는 모든 것은 신(神)적'이라고 선언한다. 그 사례로 음악은 선이며 신적이다. 생각에 날개를 달아주고 자유로운 정신의 철학자답게 해주기 때문이다.

257
실패하고, 또 실패하라! 성공하리니

인생은 하나의 과정이기에 끊임없는 전진만이 목적이다. 우리가 가는 길에는 언덕과 냇물, 가시밭과 진흙탕이 놓여있다. 먼 길을 가는데 늘 성공만 기대하지 마라. 풍파는 항해하는 자의 벗이고, 비바람은 길가는 자의 벗이다. 차라리 비바람 속에서 인생의 즐거움을 누려라.

항시 혁신은 어려운 조건에서 나온다. 아무리 완벽하게 준비한 일도 처음에는 80퍼센트 이상 실패하고, 두 번째에 50퍼센트가 성공하며 세 번째에야 90퍼센트 이상이 성공한다. 실패하려면 최대한 빨리 실패하고, 다시 도전하라. 그것만이 성공의 길이다.

258
깊은 사랑의 상처

누가 사랑을 이타적(利他的)이라 하는가? 사랑은 상대의 이익을 위하기 때문에 자신이 손해를 감수해야 한다고들 말한다. 하지만 사랑이란 상대방을 자신이 소유하기를 강력히 원한다. 사랑은 모든 감정중 제일 이기적(利己的)인 것으로 깊이 상처받으면 쉽게 관용(寬容)을 베풀기가 어렵다.

259
능력을 기르는 최선의 방법

그대의 갈증을 채워 줄 곳을 찾아다니지 말고, 직접 샘물이 되라. 나를 기쁘게 해 줄 사람을 찾지 말고, 먼저 자신이 즐거운 사람이 되라. 누가 나를 풍요롭게 해줄지를 탐색하지 말고, 스스로 풍요로운 사람이 되라. 그것이 자기 능력을 높이는 최선의 방법이며 풍요로운 삶의 지름길이다.

260
소화할 수 있을 만큼의 진실을 선택하라

세상의 모든 진실을 다 알려고 하지 마라. 자신이 견딜 수 있을 만큼만 선택적으로 인지하라. 인간은 오직 '의지와 표상으로서의 세계'에서만 존재한다. 개인의 주관(主觀)에게 주어지는 것은 원인일뿐 결과가 아니다. 이렇게 날조된 주관이 속으로 투영된 것이 주체이다. 사실 자체가 사라지고 해석만이 존재하자, 주체는 자발적으로 하나의 가치를 설정하고자 하지만 역시 가상이다. 이 가상이 유용할 때 그 개인에게는 진실이 되며, 생성과 소멸을 반복하는 도구이다.

261
직업윤리의 기본

예술의 주인공은 무대와 배우와 감독이다. 이 셋은 각자 자기 역할에 만족해야한다. 배우가 감독과 무대는 무시한 채 홀로 예술의 주인인양 행세하면 청중은 양념 없이 덜 익은 날고기를 먹어야 한다. 만일 무대나 감독이 독자적으로 예술의 주인이 되려고 하면 배우가 너무 작아져 청중에게 볼거리가 없다.

만약 무대와 배우와 감독을 혼자 충분히 소화해낼 수 있고, 또한 청중이 만족한다면 그렇게 하라. 그것이 쉽지 않다면 본분에 충실 하라. 직업윤리의 기본은 자기만족이 아니라 청중의 흡족이다.

262
결혼이 옳으냐, 그르냐

모계시대는 일처다부제였다. 부계시대에 들어와 일부다체제가 되었고, 양성 평등시대에 이르러 일부일처 제도가 정착되었다. 다시 인류사회에 결혼제도가 소멸되고 있으며 원초(原初)사회로 회귀하고 있다. 모든 시대는 힘의 정도에 따라 '어떤 덕목을 허용할 것인가, 어떤 덕목을 금지할 것인가'를 결정한다. 따라서 고전주의 미학은 있어도 퇴폐주의 미학은 없다. 특정한 것을 최고 미(美)라고 규정하는 그 자체가 전체적 이상주의와 흡사하게 망상에 불과하다.

그대여, 편안한 숨을 쉬기 위해서라도 시대적 가치 판단의 질문에 휘말려 매몰되는 계곡의 세계에서 빠져 나가라.

263

관능과 순결의 조화

관능의 마돈나는 순결의 상징인 마리아였다. 뭉크의 작품 〈마돈나〉는 그가 애인이었던 다그나에게 배신당하고 그린 그림이다. 다그나가 애인일 때 마리아였다가 배신 후에 마돈나가 되었다. 이처럼 관능과 순결은 대립이 아니라 사랑안의 용광로이며 그 용광로의 불이 내게 향할 때 순결이라 하고, 타인을 향할 때 관능이라 한다.

본래적으로 가슴에서 나온 연인 사이는 관능과 순결이 조화를 이룬다. 설령 관능과 순결의 대립이 존재한대도 희극적이다. 그들은 최대의 낭만과 최소의 도덕으로 천사와 짐승의 중간 위치인 인간의 존재 상태를 맘껏 향유한다.

264
무정한 명랑

심리학적 관점에서 '바람직한 인간은 누구인가'를 연구한 결과 두 가지 특성을 함께 갖춘 것으로 드러났다. 바로 '무정(無情)과 명랑(明朗)'이다. 애정이 지나치면 그 무게로 인해 자신의 명랑이 내성에게 속박 당한다. 또 가족과 연인, 친구간의 우정에도 지나친 애정은 서로의 무게를 가중시켜 힘겹게 된다. 무정은 냉정이 아니다. 이성을 잃은 열정을 버리고 차분히 현실을 보라는 것이다. 그렇지 않으면 무리하게 되고 탈진되어 결국 아무것도 남지 않게 된다.

265
신은 늙었고, 죽었다

지엄한 성(聖)을 원하는 대중에게 논리적인 철학은 적합하지가 않았다. 중세기에 '거룩한 신을 모독'하는 것이 최대의 악행이었다. 철학자들은 이단자로 몰렸고 화형을 당했다. 성스러운 신은 점차 대중과 도덕적으로 타협하며 늙어 갔다. 마침내 늙은 신은 자유로운 정신과 부도덕한 자에 의해서만 요양 받고 있다.

이제 '신은 죽었고', 신 모독자도 신과 함께 죽었다. 전지전능하고 무소부재하고 최고의 입법자가 우리 칼에 의해 피 흘리고 죽었다. 우리 손에서 이 피를 씻어 줄 속죄(贖罪)의 축제, 성화(聖化)의 게임을 발명해야만 한다. 이 위대한 발명의 가치는 우리가 신이 되면서 입증될 것이다.

266
나아가는 것이 덜 위험하다

인간의 가장 오랜 습관중 하나는 전체 사건의 원인을 가정하고 탐구하는 것이다. 원시 때부터 시작된 연역적 습관에 따라 모든 사건의 배후에 초월적 행동이 있다고 해석한다. 화산이 터지고 바람 등이 일어도 발생시키는 어떤 것을 전제하고자 한다. 그러나 모든 일을 연역적으로 상정하고 회고하는 것이야말로 가장 어리석은 짓이다.

인생여로의 처음은 동물이, 마지막에 초인이 있다. 우리는 동물과 초인 사이에 난 긴 줄의 중간에 서 있다. 여기서 앞으로 가는 것이 뒤 돌아보거나 내려다보는 것 보다 훨씬 안전하다. 인간은 초인이 있는 피안을 행해 건너가고 있다. 우리 모두 이 과정에 있기 때문에 서로 사랑해야만 한다.

267
무슨 일이든 해야 한다

할 일이 많으면 잡념이 사라지고, 할 일이 없으면 왜 쓸모없는 생각이 더 많이 떠오를까? '힘에의 의지' 가 존재자의 본질이며, 따라서 인간에게 의지의 정지상태란 있을 수 없기 때문이다. 인간의 '의지'란 말 그대로 무엇인가를 의지해야 하는데, 그 무엇이 '힘'이다. 힘으로부터 단절된 의지는 의지가 아니다.

힘은 부단한 상승과 고양이므로, 힘에의 의지도 본질적 상승과 고양의 계기를 추구한다. 아무 일도 안하고 있으면 의지를 뒷받침할 힘이 약화되며 자기의지와 상관없는 잡념이 맴 돈다. 그래서 어떤 일을 할 수 있다는 것 자체가 큰 은총이다.

268
어디서 살아 갈 이유를 찾을까

저 하늘의 별자리와 저 산악의 지세에서 살아갈 이유와 방법을 구하지 마라. 스스로 고양된 힘에서 승리의 의지가 나온다. 현존에 대해 긍정하고 대상의 지각범위를 넓혀가라. 그래야 내 의지가 의지할 힘이 고양되어 살아갈 이유와 방법을 찾게 된다. 사람들끼리 부대끼며 함께 울고 웃고, 사건들의 연속을 경험하며 시간을 보낸다는 것이 얼마나 멋진 일인가. 그곳에서 삶의 이유와 방법을 찾은 후에는 하루, 한번이라도 춤추지 않으면 그날은 잃어버린 날임을 알게 되리.

269
판박이의 동정과 용서

붕어빵처럼 판박이로 생산되는 것들은 고유한 멋과 특유한 맛을 잃어버린다. 자기 관점이 가라진 체 무리의 관점에만 묶여 있을수록 증오와 혐오의 감정이 커진다. 개성을 잃고 결속이 강한 자는 그만큼 자기 무리의 외부자들과 동정과 용서를 교환할일이 많다. 따라서 몰 개성자들에게 동정과 용서가 최고의 가치일 수밖에 없다. 위대한 사랑은 모두 동정과 용서를 초월하면서 시작된다.

270

행복의 도취

명작가운데 한 눈에 들어오는 것도 있고, 아무리 보아도 난해하기만 한 것도 있다. 대부분의 명작의 탄생은 예술가가 본능에 도취해서 나온다. 보는 이와 예술가의 무의식적 정서가 비슷할 때 첫 눈에 감동을 받는다. 명작은 이 도취감을 흡수할 좋은 시청자, 또는 독자를 원한다. 설령 어떤 명작이 자신에게 딱하고 재미없어 보여도 찬찬히 읽고 보고 들으며 음미하면 할수록 색다른 향기에 도취된다.

"괴물과 싸워야 할 때 조심하라. 싸우는 과정에서 나도 모르게 괴물이 되지 않도록. 그대가 괴물의 심연을 오래 들여다보는 동안 그 심연도 그대를 같이 들여다보고 있다."

제4장

그대의 운명을 사랑하라

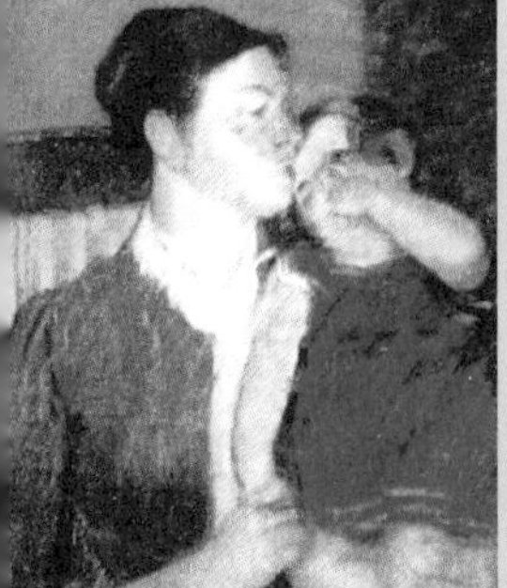

271

좋은 독자

좋은 책은 좋은 독자가 만든다. 한 시대의 다수 독자들이 관습과 현안에만 매몰되면 미래 가치를 담은 책이 크게 주목받기 어려워도 선각적인 독자들에 의해 장래에 부상할 준비를 하게 된다. 너무 많이 다독하려하기 보다 소중한 책들을 반복해 읽으라.

도서관에 파묻히는 것보다 호숫가 등 탁 트인 자연을 거닐며 읽는 것이 좋다. 책갈피만 들썩인다고 사유능력이 생기지 않는다. 문자의 자극에 수동적 반응만하는 학자들처럼 되지 말고, 열린 공기 속에서 주인으로 문장을 보며 자유연상을 하라.

272

회의보다 확실성이 더 위기이다

의혹할 때보다 확실할 때가 더 큰 위기이다. 설마하고 의심하던 일이 사실로 들어 나면 선택의 여지가 현저히 줄어든다. 셰익스피어의 작품을 읽어보라. 그보다 사람의 마음을 찢어놓는 작품이 없다. 덴마크의 왕자 햄릿이 얼마나 고민이 깊었으면 부왕 사후 왕위에 올라 어머니와 결혼한 삼촌 앞에서 어릿광대를 내세운 연극이 그토록 필요했을까? 부왕의 유령이 나타나 삼촌에게 독살 당했다는 진실을 토로하고 복수를 명했을 때 햄릿의 고뇌는 목숨을 건 절대 절명의 위기로 치닫는다. 사람을 미치게 하는 것은 회의보다도 확실성이다.

273
진리획득을 하려면 신념체계를 고문하라

세계의 지식은 인지기관을 통해 접수된 자극으로 구성되어 있다. 자극은 사물과의 접촉에서 나왔으므로 인간의 어떤 지식도 결코 초월적 기원이 아니다. 도덕의 내용과 중요도를 결정하는 사회계층의 질서도 쉼 없이 변동한다. 철학이 탄생하고 고등종교가 나오면서 영성을 주목하기 시작한 축의 시대(Axial Age)에 일련의 교리(dogma)가 확립되었다.

교리들을 신념화 하는 것을 진리획득의 방식으로 여겨졌으나 교리마다 다르므로 진리가 혼선을 빚게 된다. 진리는 오히려 교리들을 엄격히 심문하면서 획득된다. 심문방법은 신앙의 지연, 영원한 회의, 사물에 대해 객관적 거리를 유지하는 것이다.

274
권력의 집중화는 공공성을 약화한다

조직 거대화에 따른 권력의 집중화는 개인들의 '힘의 의지'를 약화시킨다. 조직이라는 형식이 단순한 윤곽이나 구성방식만은 아니다. 형식은 그 테두리안의 개인들에게 침투하고 개인의 특성을 재 확정한다. 그 자체로 중력을 가진 거대조직은 개인의 자유정신을 흡수하기에 조직속의 개인은 본래 개인의 현존성(anwesenheit)과 전혀 다르다. 이 흡인력에 천재도 짓눌려 죽고 성자도 지레 겁을 먹고 얼어붙는다. 어떤 존재를 그 존재답게 해주는 것이 존재의 현존성이다. 사자가 사자 같지 않고 토끼의 기질을 보여 준다. 존재의 현존성이 사라진 것이다.

개인의 참된 현존성은 인격적 관계에서만 발생한다. 조직은 인격이 아니다. 개인들은 자기 현존성을 통해서만 공공성을 실현할 힘의 의지를 갖는다. 개인 없이 공공성도 없고, 공공성이 없이 개인도 없다.

275

마음을 가볍게 하려면

마음이 무거울 때 손과 발도 무거워진다. 매사에 둔감해질 때 그대는 해결책이 있는가? 누구나 능력과 지식과 지혜에 건전한 한계가 있다. 그대 역시도 그런 유한존재이며 그러기에 자긍심이 필수적이다. 자긍심에 상처를 남기는 행위야말로 가장 무거운 짐이다. 자기비하의 극치가 우상숭배로 나타난다.

우상은 전승이나 관습, 종교의 그럴듯한 웃옷을 걸치고 있다. 독수리의 눈으로 우상의 심연을 바라보고, 독수리의 발톱으로 우상의 심연을 움켜쥐어 우상을 넘어서라. 그래야 그대의 자긍심이 흔들리지 않는다.

276
사랑의 이유

사랑이라는 것을 어느 쪽을 이용하려는 수단으로 사용해선 안 된다. 매력적인 젊은 여성을 차지하기 위해, 권력자를 조종하려고, 동병상련(同病相憐)을 나누려고, 또는 나를 잘 챙겨 줄 것 같아서 등이 사랑의 이유가 될 수 없다. 사랑의 유일한 이유는 숨겨둔 의도나 특별한 이유 없이도 사랑의 비를 흠뻑 맞는 것이다. 사랑의 비는 아무도 차별하지 않는다.

어느 날 갑자기 선인이든, 악인이든 왕이나 종에게도 사랑의 비가 내린다. 그것만이 사랑의 이유이다. 그러나 사랑의 비를 맞을 때 한 가지 조심할 것은 그 사랑이 발작하지 않도록 하라.

277
사랑하며 가장 인내해야 할 상대

사랑처럼 인내가 필요한 분야도 없다. 인내가 없는 사랑은 학대이다. 사람과, 사물과, 좌우명 등 무엇이든 사랑할 때 항시 인내가 필요하다. 그중 자기 사랑이야말로 최고의 인내와 섬세한 기술이 필요하다. 자기사랑은 지나친 나르시즘과 자기혐오의 중간 지대에 있어야한다. 사실 이 중간지대의 폭이 넓어 자기 사랑이 매우 쉬운 일일 수도 있는데, 단지 인간이라는 동물이 자꾸만 힘들다고 생각하고 있다.

278
최후의 독일인, 쇼펜하우어

어느 날, 절망 속에 헤매던 나는 쇼펜하우어의 낡은 책을 발견했다. 헌책방에서. 한 번도 들어 본 적이 없던 그 책을 펴고 몇 장 읽었다. 망설이던 평소와 달리 이 책을 바로 샀고 어느 날 집안 소파에 앉아 책 속에 잠겼다. '이토록 소중한 보물을 획득하다니…….' 우수의 천재 쇼펜하우어가 뿜어내는 마법의 거울 앞에 인생과 세계. 그리고 나 자신의 본성이 비쳤다. 어떤 책은 그 제목보다 더 많은 내용을 담고 있는데 바로 이 책이 그랬다. 좋은 책을 읽으라. 어떤 상태도 황홀해지리니. 최후의 독일인 쇼펜하우어는 세계를 이성이 아니라 의지로 파악한다.

자연의 세계는 의지의 세계이며 부산물이다. 생명 현상인 자연의지도 인간의 자연인 몸으로 직접 경험한다. 허무주의를 근거로 하여 삶의 의지를 높이는 쇼펜하우어는 영웅주의, 천재, 거대담론, 종교의 가치를 부정의 출발선으로 삼았다.

쇼펜하우어는 뒤레르의 그림에 나오는 '죽음과 악마를 데리고 있는 기사'이다. 청동 같은 준엄한 눈빛으로 홀로 공포의 길을 걸어간다. 그는 소망이 아니라 진리를 바랐다.

279
베토벤의 음악

음악 중에 최고의 음악은 베토벤의 곡이다. 작곡가의 단련된 내성(耐性)에서 길어 올린 순수가 곡조에 깃들어 있다. 청자들은 들을 때마다 어김없이 감동하게 된다. 플라톤이 항시 이데아를 염두에 두듯, 베토벤은 유람하는 집시와 거리의 아이들과 마을 술집과 무도회의 흥겨운 선율을 꿀벌처럼 소중히 모았다.

280
원시인의 꿈

원시인에게 제 2의 현실은 잠속의 꿈이었다. 거기서 인류의 형이상학이 시작되었다. 꿈이 없었다면 육과 영을 분리할 생각조차 안 했을 것이다. 꿈을 또 다른 현실로 받아들이면서 육체에 잠시 영혼이 깃들었다는 가정(假定)이 생겼다.

'죽은 사람이 꿈에 나타나다니, 아직 살아있네.'

이 가정에 따라 유령이 돌출하고 이어 신들에 대한 신앙이 형성되었다. 이제와 보니 '신의 실수가 인간이 아니라 인간의 실수가 신'임을 알게 되었다

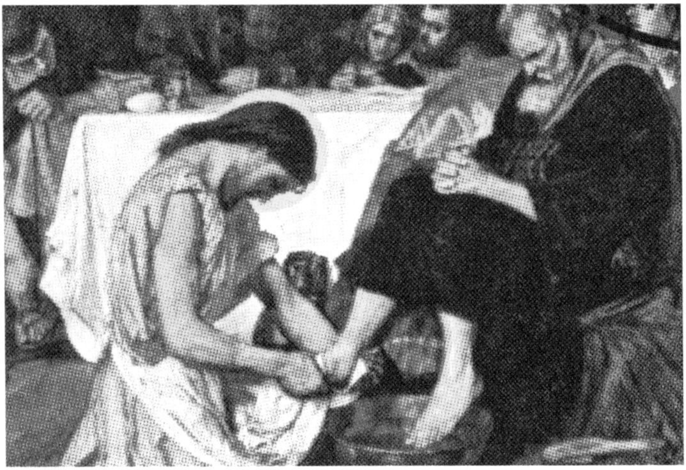

281
새로운 삶의 문법

언제나 의지해야하고, 무조건 복종해야 할 대상을 갖지 않으면 못 견디는 사람들이 있다. 그러나 현명한 사람은 어떤 전통에도 얽매이지 않고 홀로서서 전인미답(前人未踏)의 길로 나아간다. 헤매면서도 새로운 삶의 문법을 만든다. 작은 불이 큰 불이 되면 그 불길 속에서 바람이 일어 자체적으로 불기운이 커진다.

현자의 힘도 그렇게 증대된다. 타인이 부과하는 존재의 당위성에 미혹되지 않고, 자기 실존의 당위성을 스스로 부여한다. 거짓보다 더 위태로운 적은 인습에 묶인 공동체의 강한 신념이다. 그대만의 신을 만들고 그대만의 진리를 세우라.

282
인간의 웃음

왜 인간만이 웃느냐? 웃음을 고안해내야 할 만큼 고뇌가 깊어서이다. 가장 불행한 동물이 가장 공허하게 웃는 동물이다. 자신의 생존 속에 숨겨진 무진장한 즐거움에 경탄하여 정신적 기쁨이 커질수록 점차 허탈한 웃음은 잃는다. 그

대신 얼굴에 잔잔한 미소가 퍼진다. 고뇌를 딛고 선량하고 견고한 성품이 된 자는 미소 짓는 얼굴에 언어가 간결하다.

283

삶의 교양 정도

언제, 어떻게 웃는가에 따라 그 삶의 교양 정도가 드러난다. 웃음소리에 본성이 녹아 흐른다. 웃음이 새파랗게 질리고 엄숙하기만 한 진리는 진리가 아니다. 웃음도 하나의 쾌락이라는 것을 모르는 자는 결코 현자가 아니다. 오늘 가장 유쾌하게 웃는 자가 최후에도 웃을 자이다.

284
자신을 비웃지 말고 대가들을 비웃어라

나만의 집에 살면서, 나는 스스로 만든 장미꽃 화관을 쓴다. 신성한 웃음을 터트리는 자는 모두 그렇게 한다. 다른 이를 흉내 내지도 자신을 비웃지도 않으며, 모든 대가(大家)들을 비웃는 자들이 디오니소스처럼 장미꽃 왕관의 주인공이다. 창의력의 신 디오니소스의 수레지붕은 꽃다발이다. 수레 주변을 호랑이와 표범이 따라간다.

그대여, 그대 안에 디오니스스의 싹을 틔우고 싶은가. 베토벤의

'환희의 송가'를 한 폭의 풍경화로 바꾸어 보라. 말발굽에 인 흙먼지 속에 수백만 명이 두려워 엎드릴지라도 어깨를 펴고 상상력을 발휘하라. 두려워 먼지 속에 엎드릴 때 어깨를 펴고 상상력을 발휘해보라.

285

소크라테스의 웃음

사람의 얼굴만 척 보고 전형적 범죄형을 구별해내는 한 관상가가 소크라테스를 보았다. '당신은 괴물이오, 관상을 보아하니 온갖 악덕이 가득하오.' 소크라테스가 웃었다. '잘 보시는 구려, 그대 자신도 좀 들여 다 보시구려.'

286

분주한 이유

왜 그리 분주할까? 자신으로부터 도망치고 있어서 이다. 왜 그렇게 자기로부터 도망치려들 할까? 혹 불유쾌한 기억들이 갑자기 솟구칠까봐 멈춰 서서 생각할 시간을 피한다. 지난 기억들과 지금 일어나는 일들을 소화하는 법을 배

우고, 상충되는 자기 욕망을 조절해야 할 줄 알아야 오롯한 사색을 즐길 수 있다.

287
나를 슬프게 하는 것

나를 슬프게 하는 것은 그대가 나를 속인 것 때문이 아니라 이제는 더 이상 내가 그대를 믿을 수가 없다는 그 사실 때문이다.

288
약속할 수 없는 것

그대여, 행위는 약속할 수 있으나 감정은 약속할 수 없노라. 그대만 영원히 사랑한다고 약속해도 감정이 내 의지대로만 되지 않을 것이니. 그 약속은 언젠가 내 힘에 겨운 것이 될지 모르니. 지금은 비록 진심어린 약속일지라도 그대에게 상처가 되기 쉬우리니.

289
천국이나 극락은 그대 마음에 있다

천국이나 극락은 하나의 마음 상태이다. 죽음 후에 만나거나 지상에 강림하는 곳이 아니다. 죽음이 이생과 내생을 잇는 다리도 아니며, 소속의 전환도 아니다. 내세란 현실의 불안을 대체하는 상징으로서 텅 빈 풍선 같은 외관만 지니고 있다. 역사적 현실 앞에 신화들이 운명적으로 후퇴했다. 종교의 기적과 신비란 청동기 시대의 역사적 요청에 의해 생겨난 일화(逸話)성 사례였다.

290
멘델스존, 아름다운 에피소드여!

어느 어느 날 초저녁, 갈색 어스름이 나리던 다리위에 기대어 있었네. 멀리 들려오는 노랫가락이 잔잔한 물위에 금빛 물방울을 일으키며 흘러가네. '베네치아의 곤돌라(Venetian Gondola song)'와 불빛과 음악도 어둠속 물결 위로 헤엄치듯 사라지고 있네. 누군지도 모르는 사람이 연주하는 음률에 내 심장이 전율되어 나도 모르게 곤돌라의 노래를 불렀지. 아! 멘델스존은 '아름다운 에피소드'이다.

291
중심에 서라

값진 인생을 살고 싶은가? 중심에 서라. 중심은 사방각처에 산재해있다. 아침에서 일어날 때 '오늘 누군가 기뻐할 일을 하자'고 결심하라. 그것이 중심에 서는 것이다. 중심에선 고귀한 영혼에게 삶은 보람 찬 노동이며 즐거운 과제이다. 중심에 선 사람은 언제나 삶이 무언가를 자신에게 주고 있다고 보고 그것에 답례할 최선의 방도를 찾는다.

침묵할 때와 말해야 할 때, 자신에게 엄격해야 할 때와 너그러워야 할 때, 바로 그런 때를 정확히 알고 그대로 행한다. 내가 할 일을 다른 사람의 의무로 끌어 내리지 말라. 자신이 져야 할 책임을 분담하거나 양도하지 말라. 자신의 특권과 권리의 자리를 의무의 중심으로 삼으라.

292

결혼의 여정은 기나긴 대화이다

결혼이란 예식도 아니고 법적 용어도 아니다. 두 사람이 만나 각자 자신보다 더 나은 한 사람을 만들려는 의지이다. 합치된 의지를 서로 경외하고, 그런 경외감을 곧 '부부의 정'이라 부른다. 결혼의 여정을 떠나기 전, 잠깐만 자문자답해 보길. '나는 이 사람과 늙도록 우호적 기분으로 이야기를 나눌 수 있을까?' 결혼의 여정은 기나긴 대화이다. 결혼생활의 모든 것은 변해가지만, 두 사람이 함께하는 시간의 대부분은 대화에 속한다.

293
우정과 사랑의 차이

친구를 원하는가? 노예가 되지 말라. 친구가 되기 원하는가? 폭군이 되지 마라. 우리는 사랑에 눈이 멀고 우정에 눈을 감는다. 포도주와 우정과 사랑은 오래될수록 좋은데, 독립적인 사람만이 오랜 우정과 사랑을 누릴 수 있는 특권이 있다.

294
사랑만 받게 되면

사랑하는 이는 자신의 고귀한 부분을 드러내고, 천박한 부분은 앙금처럼 가라앉힌다. 사랑은 허용이다. 고귀한 부분뿐 아니라, 욕심 부리며 천박한 부분까지도 허용한다. 두 사람이 사랑으로 나누는 짓거리에 선과 악은 없다. 삶을 사랑하는 이유도 삶에 길들여져서가 아니라 사랑에 익숙해서이다. 그러나 사랑을 받으려고만 하고 주는 것을 모르면 결국 밑바닥에 가라앉은 앙금까지 드러난다.

295

망각이 필요할 때

생명체에 빛과 마찬가지로 어둠이 필요한 것처럼 모든 일에는 기억과 망각이 필요하다. 과거만 회상하며 사는 사람은 되새김질하는 반추 동물과 다를 바 없다. 회상 없는 행복한 삶은 가능하지만 망각이 전혀 없는 행복은 불가능하다. 빛과 그림자는 동지이며 늘 다정히 손을 잡고 있다. 빛이 사라질 때 그림자도 빛을 따라 진다. 망각 없이 어느 누구도 삶을 구원받지 못한다. 의도적으로 망가하기 좋은 수단이 도취이다. 절대 진리가 증발한 세계의 정당성은 오직 미적으로만 확보된다.

그대여, 예술에 도취되어보라. 잊고 싶은 데 잊혀 지지 않는 것들을 망각시켜 주리라. 아예 그대 삶을 예술작품으로 만들어 '도취와 망각'을 즐기라.

296
고독이 필요할 때

군중 속에 모방과 추종의 삶은 있으나 자신을 잃어버린다. 진정한 자신의 발견을 위해 가끔씩 내면의 세

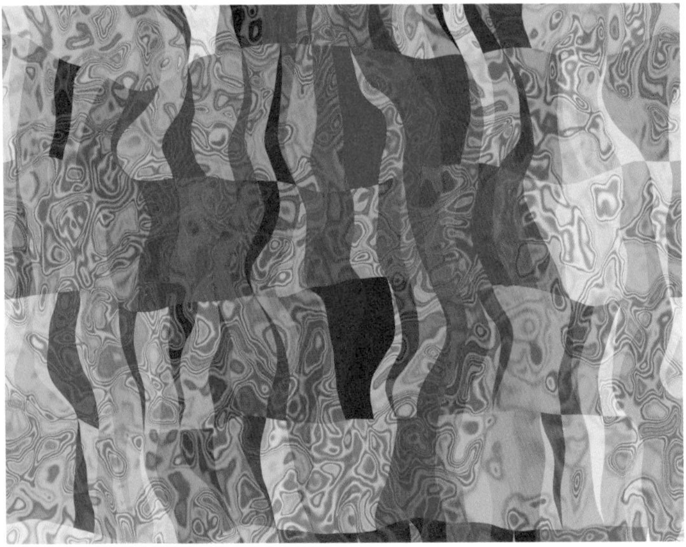

계로 칩거하라. 고독을 통해 그대 양심의 소리를 듣고 그대 자신이 되어라. 고독할 줄 아는 자는 공포가 무엇이든 가볍게 넘어갈 수 있다. 그대가 만난 가장 성가신 적은 그대 자신이다. 이 적을 가장 고상하게 내편으로 만드는 것이 오락이 있다. 이 오락 중 천재적 방식으로 돈도 들지 않고 어디서나 가능한 것이 '사색적 휴식'이다.

오! 고독이라는 곱고 섬세한 감성의 오솔길을 거닐고자 하는가. 자신을 그대의 불길 속에서 태워 죽여라.

297
'너 자신부터 알라'는 소크라테스

인간의 고독과 허영심, 권력욕, 놀람과 기쁨, 성급함과 좌절 등 온갖 감정으로 혼재된 소망의 총화가 곧 신이다. 이런 신의 탄생과정을 아는 것이 인간다워지는 제일의 첩경이다. 우리는 스스로 얻은 지식으로 신들의 형상을 빚고 성품과 능력을 부여해 주었으며 신들의 목숨을 손안에 넣었다.

이제 신은 '뒷방 늙은이(God of the gaps) 취급'을 당하게 되자 골치 아픈 잔소리만 늘어놓고 있다. 일직이 이런 사실을 알아챈 소크라테스는 신을 찾는 인간들에게 웃으며 말했다. '너 자신부터 알라.'

298
그대의 진가가 드러나기 시작 할 때

한 사람의 진가는 그의 재능이 시들어갈 때에야 드러나기 시작한다. 재능에 둘러싸여 있을 때, 재능은 하나의 장식이 되어 은폐하고 있는 것이다. 비로소 재능을 과시하지 못하게 되었을 때, 더 이상 자기 자신이 아닐 수 없게 된다.

299
최초의 독창자가 되기

독창적이란 전혀 새로운 것이 아니라, 간과되었던 것들이다. 이전에 간과되었던 것들을 다시 드러내는 행동이 창조이다. 그것들도 예전에 누군가의 눈동자에도 비쳤으나 그저 지나쳤기에 전혀 새로운 것이다. 창조에 무슨 정답이 있으랴. 관례나 관습도 전혀 도움이 안 된다. 최초의 독창자는 스스로 해결해야하는 그런 문제를 스스로 발견하고 해답을 찾는다.

300
의견 합치에 관하여

찬성 100퍼센트, 반대 100퍼센트는 광란이다. 전체적인 의견 합치(合致)라는 고약한 취미에서 벗어나야 한다. 어떤 가르침이든 '지고의 선'이라며 인구에 회자될 때 그것은 더 이상 절대 선이 아니다. 공동적 가치의 비중이 강박적으로 커질수록 개인적 가치는 줄어든다. 대지를 벗어나 우주적인 소망이 많은 사회일수록 종교적 신경증이 창궐한다.

301
내 기억과 다른 내 자부심

내 기억은 '그것을 내가했다'라고 말하지만, 내 자부심은 냉정하게 '내가 그 일을 할 리가 없다'고 한다. 결국 기억이 내 자부심에게 양보한다.

302
세계의 중심에 내 삶의 현재를 놓아라

운명은 있고, 또 운명은 없다. 과거는 바꿀 수 없으니 운명이 되었다. 미래는 바꿀 수 있으니 운명이 없다. 과거의 운명은 실제 했으니 믿음의 대상이 아니라 확인의 대상이고, 아직 오지 않은 미래의 운명은 존재하지 않는다. 따라서 운명 따위는 조금도 믿을 가치가 없다. 현재의 지점에 서 운명이 된 과거를 그대로 이해하고 내 삶의 의미를 독점하라. 세계의 중심에 삶의 현재를 놓고, 존재하는 우주내적 모든 것을 긍정하라. 그것이 설령 이질적이고 낯설고 의문스러워도 충분히 긍정할 가치가 있다.

303
왜 미워할까

나는 왜 그 사람을 미워할까? 특별히 내게 잘 못한 일도 없는데. 나는 왜 그것이 싫을까? 특별히 불쾌한 체험도 없는데. 누구와 무엇을 까닭 없이 싫어 할 때, 우리는 내 안에 잠든 것을 싫어하고 있는 것이다. 지기 속에 없는 것은 우리를 흥분시키지 않는다.

304
성격 파악

본인의 성격을 알고 싶은가. 언제나 되풀이되는 자신만의 전형적 체험을 돌이켜 보라. 자신의 성격을 파악해가는 과정에서 자신의 많은 수치를 극복할 수 있다. 스스로 자기를 인식하는 자야말로 스스로 자기 인생의 큰 스승이 된다. 아직도 별이 내 머리 위에만 있는 것으로 믿는다면 인식의 시야가 차단된 것이다. 자기 속의 별을 별견한 자가 인식의 범위가 넓은 현자이며. 그가 자신의 이상에 도달하고 그 이상마저도 넘을 수 있다.

305
제일 큰 공포

당신이 현자(賢者), 성자(聖者), 식자(識者)라고? 그러면 당황하는 모습을 보이지 마라. 사람들이 불신하기 시작한다. 일반인들에게 제일 큰 공포가 무엇인줄 아는가? 당신들과 같은 사람들이 실상 공포의 존재가 아닌지 추측하는 것이다. 당신들은 실제보다 완벽히 성스러운 척 했고, 실상보다 탁월하게 현명 한 척 했고, 사실보다도 더 분명히 권위 있는 척 해 왔다. 그렇게 하므로 잠시 당신들의 표면에 경쾌한 리듬을 울리며. 세인들을 애와 증의 양가감정(ambivalence)으로 몰아가며 힘겹게 했다.

306
정반대의 모습

하늘의 별은 우주 저 먼 곳에 있고, 땅위의 별은 군중의 머릿속에 있다. 군중의 머릿속을 배회하는 유명인을 가까이 접해보면 종종 상상과 다른 모습을 보게 된다. 특히 뭇사람의 존경을 한 몸에 받던 성자 콘셉트의 인물에게서 밀수꾼처럼 비열한 모습을 엿보았을 때, 그리고 침묵해야 할 때, 그 침묵마저 은폐당해야만 할 때 지옥의 고통을 경험 한다. 그와 달리 평범한 예술가에게서, 보통 이웃사람에게서 너무도 탁월한 인간성을 발견하고 내심 놀랜다. 다행이다.

307
대화의 궁합

인간의 의식은 의사소통의 필요성 때문에 생겨났다. 대화가 막히면 의식도 어두운 저편으로 숨는다. 의사소통이 잘되는 사이는 산모와 산파의 관계와 같은데, 서로 번 갈아가며 산모와 산파의 역할을 맡는다. 자기 속사정을 들어줄 산파를 구하는 이도 있고, 자신이 도와줄 산모를 구하는 이도 있다. 이 두 사람 만나면 대화의 궁합이 잘 맞아 오랫동안 좋은 관계를 유지할 수 있다.

308
천진난만한 상태를 회복하라

'인간은 만물의 척도이다.' 그리스의 소피스트인 프로타고라스가 한 말이다. 그렇다. 인간의 상상력이야 말로 만물의 척도이다. 그런데도 인간이 스스로 신이라 착각하지 않는 이유는 하복부가 있기 때문이다. 인간의 신뢰와 확신, 진리의 검증은 결국 우리의 감각에서 나온다. 깨어 있을 때에도 '진리란 착각에 불과하다'는 사실을 망각하고 꿈속처럼 일한다. 아직은 신이 아닌 인간이 성숙해지려면, 어릴 적 천진난만한 상태를 회복해야한다.

그러니 그대 가슴에 춤추는 별들을 잉태하라. 스스로의 내면에 혼돈을 품고 어릴 때 놀이에만 열중하던 그 성숙함으로 돌아가라. 옛 어른들이 신을 위해 희생했던 것처럼 요즘 사람들은 돈을 위해서라면 무엇이든 한다. 이제 신과 돈과 명예 대신 놀이에만 진지했던 그 시절의 감성으로 회귀하라. 우리 가슴의 별은 천진함과 즐거움이다.

309

사람의 마음을 사로잡으려면

자부심이 상처를 입었을 때 허영심도 상처를 받는다. 그래서이다. '당신이 누구의 마음을 사로잡고 싶은가? 그 사람 앞에서 당황하는 척 하라.' 그의 허영심이 살아나면서 그는 자부심을 갖고 당신의 포로가 될 것이다.

310

긴병에 효자 없다

효의 나라인 조선에서 왜 '긴병에는 효자가 없다'는 말이 나왔을까? 인간은 좋아했던 어떤 이에 대해 평가를 바꾸어야할 때 불쾌한 기억만을 골라 모두 그의 탓으로 돌린다. 불쾌했던 경험의 책임소재가 애매할수록 냉혹하게 그의 탓이 된다. 이것이 사랑했던 사람, 그리고 사랑해야 만 될 사람을 증오하도록 해 주는 자연의 우회로이다.

311
본능의 힘

집에 불이 났을 때 사람들은 후다닥 불을 끄느라 식욕도 성욕도 수면욕도 잊어버린다. 그러나 불 꺼진 뒤 잿더미 위에 앉아서도 다시 식사하고, 잠도 자며 사랑도 한다. 인간의 생래적 본능은 정신의 최후 순간까지 나아간다.

312
덕은 필수품이 되어야 한다

인간의 덕으로 플라톤은 지혜와 용기와 절제를, 공자는 인의예지신(仁義禮智信)을 제안했다. 이처럼 덕은 인간의 발명품이다. 덕이야말로 개개 인간의 정당방위가 되어야하며 필수조건이 되어야한다. 그렇지 않을 경우 덕은 하나의 위험물에 지나지 않는다. 내 삶의 생필품이 될 수 없는 덕은 하나의 환상이오, 군국주의이며, 자신의 삶을 손상시키는 것에 불과하다

313
아직은 옷을 입어라

그대가 신이 되면 그대의 옷을 부끄러워할 수도 있다. 아직 그대는 초인을 향한 화살이며 동경이기 때문에 그대 친구를 위해 잘 치장해도 지나치지 않는다. 아직은 발가벗은 상태를 두려워할 근거가 있고 자신을 감추지 않으면 다른 사람을 격분시키는 때이다. 그러니 아직은 옷을 입으라.

314
에로스는 그냥 놓아두어라

사랑이란 대상 그 자체를 사랑하는 것이 아니다. 대상에게 투영된 자기 욕망의 그림자를 사랑하고 있는 것이다. 고로 어떤 에로스든지 그냥 놓아 두어라. 에로스를 여러 종류로 분해하여, 어떤 에로스는 공인하고 또 어떤 에로스는 독을 풀어 놓으니, 에로스 전체가 타락하고 부도덕해 졌다. 엄숙한 인간들조차 독이든 에로스에 대해 겉으로 수치스러운 척 하면서도 내면에서 가장 끔찍하게 귀중한 것이 되었다.

315
누군가를 미워하기 시작할 때

사람들은 자신보다 아예 월등하고나, 훨씬 아래에 있는 자들은 무시할망정 미워하지는 않는다. 월등하거나 열등했던 사람들이 점차 자신과 엇비슷해 지게 될 그때부터 미워하기 시작한다. 아주 월등한 자에 대해서 내 힘으로 이기기 어렵다고 솔직히 말하지 않는다. 그 대신 내 취향이 아니라고 말하며 미워하지도 않는다.

316
인간의 차이

인간의 차이는 재산목록의 종류에 있지 않다. 사람마다 부동산이나 보석, 주식, 저작권, 현금 등 선호하는 재물의 유형이 다를 수 있다. 인간의 차이는 무엇을 진정한 재산으로 여기는 가에 달려있다. 자기를 존중하는 사람은 스스로 가치를 결정한다. 이들이 고귀한 사람들이다. 타인에게 굳이 인정받아야 만 할 필요성을 느끼지 못하며, 재산과 명성의 크기와 관계없이 의식이 풍요롭다. 따라서 '자기 예찬의 도덕'으로 무장한 고귀한 자들은 찰나의 쾌락을 버리고 숭고한 희망의 날개를 활짝 펴고 있다.

317
자녀는 부모이다

부모들은 의식하지도 못한 채 자식을 자신과 닮은 존재로 만들려고 한다. 의심할 여지없이 무의식적으로 자식을 자신의 점유물로 여기면서, 자녀를 자신의 신념과 가치평가에 따라 복종시킬 권리가 있다고 굳게 믿는다. 이런 믿음이 교사와 영주, 성직자에게까지 확장되어 자신의 자녀뿐 아니라 영향력내의 사람들까지 자신들이 점유해야할 대상으로 본다.

318
행동하는 양심

인간의 양심에 음악이 있고 정신에 춤이 있다. 아름다운 그 음조에 어떤 설교나 설법, 강론도 맞출 수가 없다. 자신이 도덕적 식별의 대가인양 행세하는 자들을 경계하라. 그들이 우리에게 친절한 친구처럼 된다 해도 본능적으로 우리를 비방하거나 방해하는 자들이다. 도덕적 판단이란 편협한 정신을 가진 자들이 더 관대한 정신을 가진 자들에게 즐겨 사용하는 복수이다. 이런 복수는 자연적 재능을 덜 받은 것에 대한 손해배상 청구행위이며 결국 자신의 정신이 더 고상하다는 위안을 얻는 기회이다.

319
배움은 변화이다

살아있다는 것은 변해간다는 것이다. 바람직한 변화의 방향으로 가기위해 배움의 과정을 둔다. 배움은

변화이다. 배움이 지식 암기에 그쳐서는 변화가 일어나지 않는다. 기존 지식에 의문을 표시하고 검증하면서 변화가 일어난다. 인간 정신의 근저에 어떤 질문에 대한 미리 준비된 대답의 화강암이 있다. 이는 밑바닥의 이정표로 존재론적 진리인데 배움으로 고칠 수 없고 도리어 기존 학문을 의심하면서 더욱 영민한 지혜의 표지가 된다.

320
젊음과 늙음

젊은 이성이 서로 다가가는 순간 권태는 저 멀리 날아간다. 젊음은 꽃으로 장식한 동굴인데, 늙으면 그 동굴 안에서 늙은 용 한마리가 기어 나온다. 이 노룡(老龍)은 매혹하고 매혹당하기를 잊어버린 후 증오를 배웠다. 젊은이들조차 서로 매혹하는 템포가 달라 오해가 끊이지 않는데, 매혹을 잃어버린 늙은 용은 오죽하랴.

321
강자의 의무감은 욕망추구로 변한다

고귀한 자들, 역시 힘든 사람들을 도와주기는 하지만 동정이 아니라, 자신에게서 넘치는 힘의 충동으로 돕는다. 한 인간의 자아 속에 강하고 약한 면이 함께 있는데, 고귀한 자들은 강한 면을 존경한다. 내면의 강한 면을 존경하는 자는 세상에서도 지배적인 강자를 존경하며 이때 강자의 의무감은 욕망추구로 이동한다.

322
장점을 보아라

사람의 시야는 한정되어 있다. 앞을 보면 뒤를 보지 못하고, 뒤돌아보면 앞을 보지 못한다. 인간의 높이와 장점은 보지 않는 자가 단점과 천박한 부분은 예리하게 쳐다본다. 그 날카로운 눈앞에 자신의 전체가 폭로된다. 여기서 생긴 경멸감이 곧 개인 허영심의 배후이다. 허영심은 자신을 수다떨게 만들고, 자존심은 자신을 무게 있게 지킨다.

사람 좋다는 소리를 들어 보려고 한번이라도 자신을 억지로 희생해 보지 않은 사람은 없다. 바로 그렇기 때문에 인간에 대한 경멸이 만연해 있다. 인간의 높이와 장점을 주목하라. 그대의 허영심이 줄고 인간에 대한 존중감도 늘어나리라.

323
골고루 친구를 사귀어라

나를 칭찬하는 자는 나를 옳다고 생각하고 비난하는 자는 나쁘게 생각한다. 우리는 칭찬하는 사람들만을 친구로 끌어들이기에 은둔자의 삶이 망가진다. 산속과 한적한 곳이 아니라도 인간은 누구나 밤중에 은둔자처럼 홀로 자야

ROMANVS
CAMPANVS
SICILIA·FRVGVM
FOECVNDISSIMA
CLARIS·SEMPER

한다. 칭찬하는 자들에게만 둘러싸이면 은둔의 시간에 사색과 향상의 모색이 이루어지지 않는다. 더 넓은 세계, 더 넓은 안목을 지니고 더 깊은 평온을 원하는가. 칭찬하는 자만큼이나 비난하는 자도 친구도 두어라.

324
위대한 사상은 늦게서야 깨닫는다

가장 위대한 사건이란 가장 위대한 사상이다. 이 개념은 항시 뒤늦게 이해된다. 동시대에서는 이 개념을 경험하지 못하고 스쳐 지낸다. 가장 멀리 떨어진 별의 빛이 가장 뒤늦게 지구에 당도한다. 그 별빛이 이르기 전까지 인간 참으로 오랫동안 저 곳의 그 별을 부정한다. 하나의 사상이 이해되기까지 도대체 얼마나 많은 세월이 필요할까?

325
자신에게 인식되는 자가 되라

우리는 자신을 잘 알지 못한다. 자신을 탐구해본 적이 없기 때문이다. 나도 나를 모르는데. 타인이 나

를 제대로 알아 줄 리 없고, 내가 나를 소중이 여기지 않는데 세상이 나를 존중해 줄 리 없다. 태어나면서부터 우리는 벌처럼 인식의 벌꿀(honey)을 모아 인식의 벌통(beehive)을 짓는다. 그리고 정신이 학습현장에서 귀가하면서 인식의 벌통에 채우려고 가지고 가는 벌꿀, 바로 그것이 자신의 보물이다. 그 외의 것에 대해서 진지하지가 않다.

'네 보물이 있는 곳에 네 마음도 있다.' 보물이 무엇인지를 알려면 인식의 벌통을 보면 된다. 도대체 우리는 누구인가? 자신에게 인식되는 자가 되어야 한다. 자기 내면을 보라. 나는 무엇을 좋아하고 싫어하고, 무엇에 화내고 무엇 기뻐하는가.

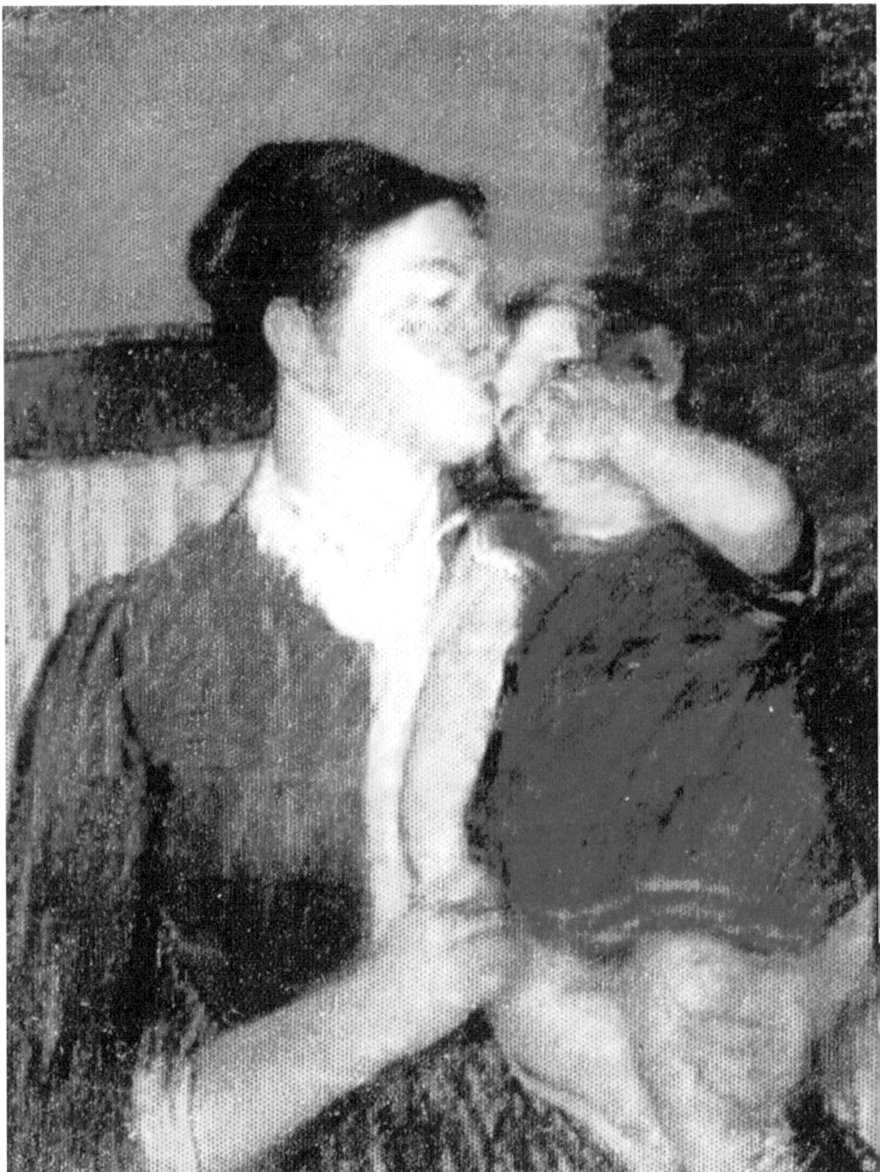

326
비이기적인 행동

무엇이 '비이기적 행위'인가. 그 행위의 영향을 받는 사람의 입장에서 판가름 난다. 행위자의 만족인가, 행위의 영향을 받는 자의 만족인가로 행위가 '이기적인지 비 이기적인지'가 결정된다. 무엇이 진정한 선물인가. 주는 사람이 좋아하는 것이 아니라 받는 사람이 원하는 것이다. 모든 관계가 '거래화'되면서 개인 사이에서 비이기적인 행동이 존재할 공간이 좁아졌다. 따라서 비이기적 행동에도 개인의 자리가 사라지고 집단적 습관의 형식으로만 남아 있다.

비이기적 행동이라는 개인적으로 수생해야 할 가치를 마침내 국가와 종교와 복지단체가 대행하고 있다. 이제 개인들은 죽어가는 사람이 옆에 있어도 국가의 책임에 떠넘기고 마음 편히 이기적인 행동을 즐길 수 있게 되었다.

327
거리의 파토스가 낳은 도덕 계보학

스스로 만족할 줄 모르는 사람들일 수록 무리 짓기를 좋아하고, 차별하면서 우월감을 느낀다. 이런 열정이 '거리의 파토스(Pathos der Distanz)'이다. 계층과 계층사이에 거리를 두려는 열정은 주거지, 숙박업소, 쇼핑몰 등 곳곳에 나타난다. 거리의 파토스가 몰락할 때 본디 좋았던 인간들의 본능이 비로소 일어난다.

귀족은 평민과 거리를 조성하고, 먼저 그 거리에 자신들이 육성한 도덕 감정으로 채워 놓았다. 거리입구에 귀족적인 것은 '좋음', 평민적인 것은 '천박함'이라는 승인서를 붙였다. 이것이 도덕계보학이다. 이때부터 귀족이 결정한 '승인의 도덕'이 오늘날까지 고정관념으로 득세하고 있다.

328

거리의 파토스에서 비전은 어떻게 창조 되는가

거리의 파토스가 횡행하는 이 지상에서 어떻게 비전이 창조되는가? 그 비밀을 내려 다 보려면 위험한 호기심과 대단한 용기가 필요하다. '승인의 도덕' 기준을 아예 '공적' 으로 바꾸려 애쓰고 있으며, 아무리 노력해도 이 기준에 미치지 못하는 평민들을 기만하고 심리적 책임을 묻는다.

이런 거리의 파토스에서 '학습된 무력감(Learned Helplessness)'이 최고의 선이라고 칭송받는다. '복종'은 '순종'이라는 미덕으로 둔갑되어 공개적으로 큰 갈채를 받는다. 귀족의 가해는 '은전(恩典)'이라 하고. 복수해야할 자가 복수조차 포기한 것을 '성숙'이라한다. 성숙했다는 칭찬을 듣는 사람들이 하루하루 불안하게 살면서도 황공무지해하면 '겸손'하다고 추켜세운다. 이와 같이 귀족계급이 자기 계층을 성스러운 계급으로 상기되도록 편리한 술어로 거리를 휘감아 놓았다.

329
최고의 포상과 훈장

거리의 파토스에서 약자가 최고의 포상과 훈장을 받는 방법이 있다. 그리 어렵지 않고 매우 단순하다. 약자의 '인내'가 최고의 훈장감이며, 약자의 '비공격성'이 최고의 포상대상이다. 거리의 파토스에서 비롯된 주문은 이렇다.

'인내는 쓰다 그러나 그 열매는 달다.' 계속 굴종하라는 주문이다. 이 주문이 학교에서, 교회에서, 사찰에서, 각종 기관에서 계속 들려온다. 약자의 인내는 더 이상 소심함이나 비겁함이 아니라 머리를 조아리고 황금 문 앞에서 서 있을 수 있는 거짓 특권이 된다.

330
비밀의 정원

'어떤 조건에서 인간은 가치판단을 만들어 냈을까? 그렇게 만들어진 선과 악의 기준은 인간 성장을 촉진했을까, 방해했을까? 인간 무리의 관습이 된 가치판단은 충만한 삶의 조건인가, 빈약한 삶의 덫인가? 우리의 가치관은 오늘날 용기의 조짐이 되고 있는가, 의미빈곤과 좌절의 조짐이 되었

는가?'

이런 물음을 탐구하다보면 우리는 어느덧 자기 자신만의 영토와 지반을 갖춘 비밀의 정원을 갖추게 된다.

331

인생의 겨울을 나기

인생의 겨울을 누가 달가워하랴. 허나 누구에게나 이 손님은 찾아온다. 그의 친근한 악수에 내 손이 새파랗게 되었었다. 이 손님을 존경은 하지만 함께 있고 싶지는 않았다. 할 수 있으면 멀리 피하려고 양지바른 올리브 산으로 달려갔다. 내 발이 따듯해졌고 내 다리도 튼튼해졌고 내 심장도 강해졌다.

인생의 겨울이라 하여 '불의 신(pot-bellied fire-idol)'을 숭배는 짓거리는 하지 말라. 신들에게 기도하기보다 이빨을 약간 가는 것이 더 낳다. 도리어 냉수욕을 하며 겨울을 조롱하자. 그런다고 겨울이 투덜거리거든 양초 하나를 켜들자. 하늘이 잿빛에서 벗어나리라.

332
겨울에 더 사랑하자

우물가에 물 긷는 소리가 더 맑게 들리는 새벽이다. 나는 서리 내린 하얀 수염을 날리는 해맑은 겨울하늘이 되었다. 그리고 동트는 새벽을 기다린다. '그대 침묵의 겨울 하늘이여! 가끔 태양까지도 침묵하게 하는구나. 그래도 나는 여름보다 이 겨울에 내가 사랑할 사람들을 더 사랑하고 있구나.'

333
괴물과 싸울 때 조심하라

괴물과 싸워야 할 때 조심하라. 싸우는 과정에서 나도 모르게 괴물이 되지 않도록. 그대가 괴물의 심연을 오래 들여다보는 동안 그 심연도 그대를 같이 들여다보고 있다.

334
건강한 징조

하나의 기준에 대한 절대적 사랑은 노예

도덕이 만들어놓은 마지막 함정이다. 다른 모든 기준을 희생하기 때문이다. 낙원에는 항시 다양한 기준에 대한 인식이 있다. 모든 병리학의 대상은 '무조건적인 것'이다. 태고부터 최근까지 이의, 즐거운 불신, 조롱, 냉소야말로 건강의 징조이다.

335
고통의 의미

내가 왜 이런 고통을 당해야 하나. 나보다 더 사악한 자들도 잘 되기만 하는데 열심히 사는 나는 왜 하는 일 마다 꼬이기만 하는가. 지금까지 인류에게 가장 가혹한 저주는 '고통의 무의미' 였다. 인간은 결코 고통 그 자체를 부정하지 않는다. 만일 고통의 미래와 명분이 확실하기만 하다면 인간은 고통을 바라거나 찾아 나서기도 한다.

정신을 인간의 위장에 비유한다면 영양분은 '생각하는 것'이다. 생각하지 않는 정신은 즉흥적으로 타오르다가 금세 주저앉는다. 어떤 행위를 하기 전, 무슨 말을 하기 전, 먼저 생각하고, 자기 정신에 맞는 취향을 섬세히 개발하고. 삶의 실수들조차 그 나름의 의미와 가치가 있음을 알아야 한다.

336
사랑의 상처를 어떻게 치유할까

사랑하는 사이에서 사랑의 이름으로 행해지는 일은 모두 선악을 초월한다. 사랑의 감정은 평화가 아니라 투쟁에 가깝다. 사랑하는 자들에게 제일 두려운 것은 사랑의 분열이 아니라 사랑이 변질하는 것이다. 사랑의 변질로 아파할 때 때 또 하나의 사랑으로만 아픔을 치유할 수 있다. 사랑의 상처를 안고 있는 자신을 더 넓게 더 따뜻하게 더 강하게 사랑해야 한다.

나르시스트가 되라는 말이 아니다, 나르시스트는 자신도 상대도 벼랑 끝으로 몰고 가는 고문관이다. 사랑의 상처가 난 자신을 오롯이 사랑하면서 회한을 버리고 앙금이 남지 않는 새로운 사랑을 할 수 있다

337
겨울이 다가올 즈음의 겨울 여행

겨울이 다가 올 즈음 앞선 까마귀들이 때지어 날개소리를 내며 날아든다. 머지않아 싸리 눈이 내릴 것인데 굳은 몸으로 뒤돌아본다. 겨울을 앞두고 고향을 나와 세상으

로 온 그대는 바보가 아닌가. 세상에 그 많은 문은 모조리 말없이 차가운 사막을 향해 열려 있다. 그대가 상실한 것을 상실한 사람들은 어느 문에서도 멈춰 설 수 없다. 겨울여행이란 항시 차가운 연기가 하늘을 찾는 것과 같다. 그곳에 그대는 저주받은 양 창백하게 서있다.

그대 바보여, 그대 새여, 이제 그만 그대 심장의 더운피는 얼음 속에 감추고 그대만의 노래를 부르며 날아라. 곧 눈이 내리리.

338
선악의 건너편에서 사랑하라

사랑의 행위는 항시 선악의 건너편에서 일어난다. 비극에 대한 감각은 관능에 비례하고 영웅을 둘러싼 것은 모두 비극이 된다. 신을 둘러싼 모든 것은 코미디 프로가 된다. 한 시대를 비애로 여기는 것은 전 시대의 좋았던 것이 반 시대적 여운으로 느껴지기 때문이다. 나와 맞든 안 맞든 기꺼이 받아들이는 것이 사랑이다.

339

허영심의 고집

우리의 허영심은 이를테면 이런 것이다. 내가 가장 잘하는 일이야 말로 우리 모두에게 제일 어려운 일로 인정되기를 바란다. 실은 누구나 할 수 있는 너무 쉬운 일임에도. 마치 도덕이 '인식을 위한 인식'이라는 마지막 함정을 파놓고, 그 안으로 사람들을 다시 한 번 빠져 들게 하듯 허영심은 모든 부끄러움도 무릅쓰면서 인정받기만을 바란다.

그렇기 때문에 세상에서 가장 정복하기 어렵다. 어이없게도 허영심은 상처받았을 때 최고로 부풀어 오른다. 이 괴로움을 잊으려고 인간은 '헛웃음'을 발명했다. 이리하여 인간은 가장 우울하면서 가장 쾌활한 동물이 되었다. 타인의 허영심이 우리 눈에 거슬리는 경우는 딱 한 가지이다. 그의 허영이 내 허영심과 반대될 때이며 이는 곧 우리의 취향을 건드리는 것이다.

340
웃을만한 일은 항시 남아있다

고통의 한 가운데서도 곧바로 어두운 표정은 짓지 말라. 아무리 어려운 시련 속에서도 웃을 만한 이유는 남아 있다. 이 순간, 오로지 생존만이 긍정되는 상황인가? 그렇다면 생애 최고의 용기를 내기에 제일 적합한 기회이다. 그런 가운데에서도 웃음을 지을 만한 이유는, 아직 내가 살아있고 웃을 만한 일들이 세계에 끊임없이 일어나는 현실과 앞으로 더 일어날 것이라는 불경스런 소망이다.

341

건강한 망각의 힘

삶에서 어떤 사건을 만나든 불운이나 죄책감으로 해석하지 말라. 주저주저하다가 지연되었거나 설령 선택을 잘못해도 지나치게 얽매이지 말고, 그 나름대로 충분히 의미가 있다고 받아들여라. 또한 자신에게 유리하게 변화시킬 수 있도록 건강한 망각을 지녀라.

망각은 이성 능력의 부족이나 타성력(惰性力)의 부족이 아니다. 오히려 망각은 능독적이며 적극적 저지 능력이다. 이 능력으로 인해 우리의 새로운 체험이 과거의 흔적에 방해받지 않고 소화된다. 망각은 새로운 삶을 가능케 하는 힘이다.

342

최후의 인간으로 남을 자

인간은 왜 사랑스러운 존재인가? 인생은 '건너감'과 '몰락'이라는 사실 때문이다. 오로지 몰락하는 존재로만 살아가는 자들이여! 저 편으로 건너가고 있는 자들이여! 위대하며 사랑받을 만 하도다. 우리는 신을 죽이고 인간은 최후의 인간이 되었다. 저편으로 건너가는 위험한 과정 속에 관습과 대립하며 인내하고, 마지막 몰락과정을 거치며 초인으로 다시 태어나리.

초인은 스스로 목적을, 자기 삶의 의미를 만들어 낸다. 이것이 '위버맨슈(Ubermensch)'이다. 위대하고 전능한 신이 사라진 허무주의 시대에 스스로 삶의 가치와 의미를 만들어 내기 싫어하는 자만이 최후의 인간으로 남는다.

343
다툼, 우울, 자기 경멸

다툼을 좋아하는 사람은 평화를 견디지 못하고, 자기 자신과도 싸우려고 한다. 우울에 길들여진 사람은 행복을 견디지 못하고, 자기 자신을 배반하려 한다. 자기 경멸에 길들여진 사람은 경멸하고 있는 자기 자신을 존중하고 있다.

344
두 원칙주의자의 만남

여기 두 사람이 있다. 한 사람은 오직 자기 원칙만으로 자신의 습관을 정당화하는 반면에 또 다른 사람은 자신과 다른 타인의 습관을 제압하거나 비난한다. 결국 두 사람 모두 원칙을 중시하는 태도 때문에 서로 '다른 방향'을 바라보게 된다. 사랑과 우정, 그리고 화목(和睦)은 서로 마주 보기보다 각기 '다른 시선'으로 '같은 방향'을 바라보는 것이다.

345

이런 마음으로 살아라

그대여, 인생을 어떻게 살 것인가? 과거는 놓아두고 지금부터 다시 시작해도 '지금이 참 좋다'는 마음으로 살아라. 자신 있게, 당당하게 '죽음의 강'을 건너온 사람처럼 살아라. 마치 새가 알을 깨고 나오듯, 또 나비가 누에고치를 뚫고 나오듯, 낡은 자의 사상을 벗어 던져라. 인간은 새로운 도전으로 신진대사를 해야 성장이 이루어진다. 낯선 것에 선의를 가지고 익숙치 않은 것에 호의를 지녀라.

346
행불행은 일란성 쌍둥이

삶은 수많은 가능성으로 이루어져있다. 그 가능성을 탐구하는 것이 건강한 사람의 임무이다. 평생 안락과 호의적인 삶만을 찾아다니는 사람들은 무엇이 삶의 보람인지를 모른다. 행(幸)과 불행(不幸)은 마치 '일란성 쌍둥이'이 같다. 함께 태어난 쌍둥이는 똑같은 모습으로 자라난다. 또한 '춤추는 별'은 내면의 혼돈에서 잉태된다. 깊이 괴로울수록 더 높은 별을 잉태한다. 죽음이외의 모든 고난은 자신을 더욱 강하게 해 준다.

347
차이를 긍정하라

자신과 다른 타인의 삶을 바라볼 때 불쾌한가? 그도 당신을 보고 불쾌할 것이다. 나와 다른 방식으로 느끼고 다르게 사는 삶에 관여하지 말라. 그러면 자신의 삶이 항시 기쁘리라. 우정이 눈을 감는 것이라면 사랑은 눈이 머는 것이다. 사랑으로 행하는 일들은 늘 선악 너머에 있다.

사랑은 어떤 차이에도 분노하지 않고 그 차이를 보듬어 준다.

사랑의 징후는 타인이 못 보는 그대만의 고귀한 것을 발굴하여 주시하는 눈빛이다. 또 사랑의 아픔은 사랑이 깨지는 것보다 사랑의 징후가 변하는 데 있다.

348
성공의 시작

아무 일도 하지 않으면 아무런 결과도 생기지 않는다. 일단 무엇이라도 시작해야만 변화가 일어난다. 만약 어떤 일을 실패했다면 그 실패를 교훈으로 '어떻게' 성공할지를 생각하라. 세상에는 실패한 두 눈으로 다시 발견할 새로운 행복이 얼마든지 있다.

성공의 시작은 자기 안의 악과 온전히 마주하는 것이다. 성공의 가치는 타인과의 관계로 측정된다. 실제 성공한 사람들은 실패를 통해서 삶의 이유를 발견하고 '운명아 비켜라, 내가 간다'라고 외쳤다.

그대여, 자기를 즐겁게 해 줄 사람을 찾지 말고, 먼저 자신이 즐거운 사람이 되어라. 곧 나를 성공시켜줄 사람을 찾는 대신에 먼저 스스로 성공하도록 노력하라.

349

언어의 빙판길

사람들이 타인의 의견에 반대하는 것은 보통 의견의 내용보다 상대의 어조나 어투가 마음에 들지 않는 경우가 많다. '좋은 내용'을 갖고 상대의 동의를 얻으려면 '아니오'를 강요하는 어조를 버려라. 꼭 필요한 이야기는 적게 하면서 도리어 자신의 이야기만 많이 하면 '감출 것이 많은 사람'으로 보이기 십상이다.

그대여, 반드시 해야 할 이야기를 중심으로 짧은 말속에 의미를 담아 상대에게 전할 때 '미끄러운 빙판길'이 생긴다.

350

남자의 운명

남자는 여자라는 토지 속에 숨겨두어야만 할 재산이다. 남자가 여자에 예속(隸屬)되는 것은 운명이다. 남자는 예속을 통해서 '진정한 남자'로 완성된다. 어려서는 어머니에게, 그 다음 아내와 딸에게, 혹은 묘령의 여인에게…….

351
지금 이대로도 좋다

인생의 유일한 목적은 계속 전진하는 것이니, 그 앞에는 평탄한 길도 있고, 언덕도 개울도 진흙탕도 있다. 그 외 삶에 따로 정해진 목표는 없다. 언제나 삶 그 자체가 목적임을 잊지 말라.

모든 가치는 세속적이다. 그중 어떤 것만을 너무 절대화하면 자신의 삶을 허비하게 된다. 희망 섞인 추상적 목적이야 말로 인간의 고통을 연장시키는 가장 '나쁜 마취제' 이다.

지금 이대로 다시 한 번 산다고 해도 얼마든지 좋다는 자세로 살아라. 먼 곳으로 떠나는 배가 어찌 풍파도 만나지 않고 잠잠히만 갈 수 있으랴. 풍파는 곧 항해하는 자의 벗이니, 풍랑을 탄 돛단배는 더 빨리 포구에 도착하리라.

352
하나의 덕을 지녀라

그대여, 오지랖 넓은 덕(德)을 갖추지 말라. 설령 그대가 단 하나의 덕을 지녔다고 하여도 부끄러워 말고 찬미하라. 오히려 너무 많은 재능을 지닌 사람이 무엇 하나에 집중하여 성취하기 어렵다. 사원에서 또 군중의 등에 올라탄 채 많은 덕을 찬미하는 자는 한 가지의 덕도 실천하기 어렵다.

결국 그들의 내면은 온갖 덕의 투쟁 장소가 된 채, 하나의 덕도 실행하지 못하고 '황폐한 사막'이 된다. 이 사막에서 목마 탄 순례자처럼 한걸음도 나가지 못하고 자멸한 자들도 적지 않다. 모든 덕은 각기 다른 덕에 대해 질투한다. 가볍게 '인생의 다리'를 오가기 위해 단지 하나의 덕만을 지녀라.

353
삶의 고도를 결정하는 것

주체(主體)보다 실체(實體)가 앞서 가기도 한다. 내가 존재하기 전에 우주와 세계, 해와 달이 실재(實在)했다. 그러나 실체의 개념인 세계관(世界觀)은 주체적 개념의 결과이다. 진리 탐구와 삶의 의미를 찾는 일은 나와 세계가 관계를 맺으면서부터 자신의 내면(內面)에서 올라온다.

'일상적 자아'가 된 세계관은 '사회적 자아'로써 비본래(非本來) 적이다. 용기 있고 건강한 자는 '참된 자아'를 찾기 위해 '도전적인 실험'을 통해서 자신을 넓혀간다. 그러나 자기혐오(自己嫌惡)와 죄책감을 가르치고 있는 종교는 '도전적인 삶'에 독약과 같다.

진실의 가장 큰 적은 거짓이 아닌 모든 신념(信念)이며 '집단 신념'은 곧 '집단 광기'이다. 즉 끊임없이 도전하는 삶이야말로 '참된 자아'를 실현하는 강력한 삶이며 또 자신에게 후회를 남기지 않는다. 절망하는 일만 없다면 그 어떤 도전이든 우리를 강하게 한다.

그대여, 준비 없이 하늘을 날 수 있는 사람은 없다. 그런고로 '얼마나 깊게 괴로워하느냐'가 '삶의 고도(高度)'를 결정한다.

354

굳이 신을 믿고 싶거든

'현대 무용의 어머니'라 불린 이사도라 덩컨은 자유로운 영혼을 소유한 '춤꾼'답게 그리스 신전에서 춤추는 신이 되었다.

우리 모두 '각자의 인생이라는 신전'에서 춤추는 사제(司祭)가 되자. 자신의 신체가 곧 자신의 영혼이다. 우리는 이 신체로 '영혼의 춤'을 춘다. 무거운 짐을 진 낙타가 어찌 춤을 출 수 있으랴. 낙타는 부과(賦課)된 짐을 지고 있다.

진리는 '부과된 객관성'이 아닌 '정의에의 의지'에 있다. 그러므로 '너는 이것을 알아야한다'는 부과된 명령을 '내가 알아서 좋은 지식은 무엇인가?'로 대체하라.

"자신의 신체와 의지를 촉진시키는 '좋은 지식'은 무엇인가, 또 해를 깨치는 '나쁜 지식'은 무엇인가?"란 물음에 답을 찾고자 하는 것이 바로 '삶의 위생학'이다. 자기 신체의 작용과 체내에서 일어나는 충동을 인정하라. 신체는 체내의 충동이 물의(物議)를 일으키는 일이 없도록 만족을 줄 것이다.

그럼에도 불구하고 굳이 신(神)을 믿고 싶은 미련이 남거든 차라리 '춤출 줄 아는 신'을 믿으라. 차라리 그대 자신이 '춤추는 신'처럼 되어라.

355
자기 운명을 사랑하라

진리와 지식은 '인간의 주인'이 아닌 '인간의 노예'가 되어야 한다. 진리 탐구를 위한 지식의 추구가 '절대 영역(Absolute Territory)'이 아니다. 오직 그대의 삶과 그 요구에 주목하는 그대 자신이 절대적이다.

그대여, 신을 사랑(아모르 데이, amor dei)하지 말고, 그대의 운명을 사랑(아모르 파티, amor fati) 하라! '아모르 데이'에서

'아모르 파티'로 전환하면 '죄관념(신과의 단절)'을 바탕으로 존재하는 인간 활동의 양식이 무죄한 존재의 양식으로 바뀔 것이다.

이렇게 함으로써 진정한 의미의 '커다란 해방'이 시작되고, 인생은 '춤추는 예술'로 승화된다. 원심력의 구애를 받지 않는 예술은 언제나 '가능성'으로 존재한다.

그대여, '인생의 춤'을 추는 사람이 어찌 자기 운명을 사랑하지 않으랴. 자기 운명을 사랑하는 자는 어려움도 유머로 만들고, 즐거움도 사색으로 만드는 상반된 능력을 지니고 있다.

356
우리는 최고를 누리고 산다

그대여, 모든 '최후의 순간' 마다 웃고 싶은가, 생의 마지막도 환호하며 맞이하고 싶은가? 우리에게 아직 '최고의 순간' 은 오지 않았고, 그것은 우리가 잡을 수 없는 곳에 존재한다. 지금 그대가 하고 있는 일이 이전의 어떤 일보다 중요하다. 또 지금 잡고 있는 것이 이전의 어떤 것보다도 소중한 것들이다.

그 무엇보다도 가장 정의로운 일은 지금 할 일을 미루지 않고 바로 하는 것이다. 그렇게 함으로써 우리는 항상 '최고의 것' 을 누리며 살고 있지 않은가.

357
오이디푸스와 프로메테우스

무죄 선언, 하나! 그 어느 출생성분의 고하를 막론하고 인간을 포함한 어떤 생명체도 출생, 그 자체에는 죄가 없다.

무죄 선언, 둘! 지금까지 어떤 식으로 생존했든지 간에 '현존재(現存在)' 는 전혀 어떠한 죄가 없다.

인간은 '자기 존재의 출현'에 스스로는 책임이 없다. 다만 앞으로 전개될 운명에는 책임이 따른다.

그리스 신화에 나오는 오이디푸스는 자기 운명의 책임을 포기하고 수동적으로 운명을 따라갔다가 방랑한 인물이다.

그대여, 우리는 자기 운명에 굴종한 오이디푸스가 아닌 스스로의 운명을 개척한 프로메테우스를 본받아야 하리라.

358
해방과 자유의 징표

스스로에 '책임지는 존재'로 살고 있다면 자기 자신이 해방과 자유의 징표(徵標)로써 그 누구 앞에서도 부끄러울 일이 없다.

자기 자신을 책임지면서 자신의 '고유 가치'를 개발하고, 그 '가치의 길'을 걸으라. 그런 사람만이 자유를 구가(謳歌)할 권리가 있다.

그대여, 세상의 눈치를 보며 자신의 가능성을 외면하고, 타인에게 자기의 책임을 전가하지 말라. 그대가 할 수 있으며 해야만

하는 일을 주저하는 것이야 말로 수치스러운 일이다.

359
인생이여, 너를 긍정하노라

그대여, 세상은 누가 아무리 뭐라고 말해도 '살만한 곳'이다. 그대는 과거가 아닌 '미래의 나무'에 그대의 둥지를 틀어라. 또 바람에 맞서되 침은 뱉지 말라. 우리는 각기 환영(幻影)을 창조하며 미래를 만들어가는 자들이다. 그러기 위해서는 서로 근사한 호적수가 되어 '멋진 승부'를 벌여야 한다.

곧 '창조적 투쟁'을 신성하게 치르고 초극(超克)한 자만이 인류의 정상에 올라서리라. 동시(同時)를 사는 모든 존재들이여, 저 활짝 열린 대해(大海)를 향해 소리치라.

'내 인생이여, 너를 긍정하노라.'

360
궁극적 자유에 이르는 길

그대여, 그대가 살아가는 이유는 무엇인가, 오직 그대만이 고이 간직한 삶의 이유가 있는가? 인간은

'삶의 이유가 무엇이느냐'에 따라 자유인(自由人)이 되기도 하고 노예가 되기도 한다. 자유(自由)란 '생(生)에 자기(自己) 이유(理由)가 있는 것'이다. 인간에게 '존재외(存在外)적 소명'이란 없다. 다만 '존재내(存在內)적' 변호만이 있는데 이는 자기 자신에게 도달하는 것이다.

개개 인간들에게 '나답게' 사는 것보다 소중한 자유는 없다. 그렇다고 자기 충동대로 살라는 말은 아니다. 자신은 물론 타인과 함께 '자기다움'을 공유해야 평화로운 조화를 이룰 수 있다.

그대여, 살아가는 이유가 자신에게 있는데 어찌 다른 곳에서 삶의 이유가 무엇인지 알 수 있으랴. 오직 '자기다움', 이것만이 궁극적 자유에 이르는 길이다.

361
자유를 누릴 수 있는 자격

과연 누가 인간이 자유를 누릴 수 있는 자격을 논할 수 있을까? 바로 '어깨가 넓은 자'이다. 곧 자기 책임에 대한 확고한 의지를 가진 사람만이 '인간의 자유'에 대해 이야기할 수 있다.

362
남자와 여자가 친구가 되려면

과연 남자와 여자가 친구가 되는 것이 가능한가? 물론 남자와 여자도 친구가 될 수 있다. 그러나 한 가지 조건이 있다. 동성(同性) 간의 돈독한 우정과는 달리 이성(異性) 간의 오랜 우정을 유지하려면 서로 간 '생식적(生殖的) 반감(反感)'이 약간은 필요하다. 그렇지 않으면 우정보다 사랑이 더 빨리 자라난다.

또한 '여자와의 우정'만을 원하는 남자는 여자가 더 야만적(野蠻的)인 것을 잊어서는 안 된다. 특히 사랑과 복수에서 야만적으로 느껴질 것이다.

363
사랑의 의지

서로의 사랑이 깊을 때에는 '사랑'이라는 이름으로 무엇이든 감수한다. 그러나 그 '사랑'이 얕아지면 작은 어려움도 견디지 못하게 된다. 또 사랑은 의지(意志)와 함께 '동행' 하는데 그 의지란 바로 생존(生存)의 의지이다.

그대여, 연인들이 한탄하는 경우는 두 가지이다. 먼저 '자기 애인이 유혹당할 때' 그리고 '아무도 자기 애인을 유혹하지 않을 때'이다.

364
메뚜기처럼 살지 마라

그대여, 땅위에서 풀숲에서 이리 폴짝, 저리 폴짝 뛰어 다니는 메뚜기의 모습을 본적이 있는가? 메뚜기는 풀을 먹을 때에도, 햇볕을 쬐면서도, 쉴 때에도 항상 뛸 준비가 되어 있다. 그대는 메뚜기처럼 저 먼 곳으로 뛰려고만 하고, 지금 이곳을 무시해버리는 삶은 살지 마라. 저 멀리 있는 '장밋빛 미래'를 약속하는 거짓말쟁이들도 멀리하라.

오늘을 놓치면 내일도, 영원(永遠)도 놓친다. 그러므로 지금

이 자리의 일을 내일로 미루지 마라. 바로 지금 여기서 기뻐하라. 자신의 생을 기뻐하고, 우주를 기뻐하라.

그대여, 내가 다시 말하노니 즐겁게 살라. 어떤 경우에도 메뚜기처럼 살지 마라.

365
인생은 살만하지 아니한가

생성하는 모든 것은 몰락한다. 이것이 형상(形象)들의 덧없는 세상살이이다. 변화하는 형상들의 덧없는 세상사에 대한 동정심에도 불구하고, 오늘날 우리는 기쁘게 살아가고 있다. 그러므로 인생은 살만하지 아니한가.

비제의 오페라 〈카르멘〉을 들어보라. '찬란한 태양'처럼 단번에 독일의 우울한 분위기를 날려 보내고, 활기차고 풍요로운 '지중해 분위기' 속으로 데려간다.

허무할 수밖에 없는 인간의 실존(實存)도 고유한 본성으로부터 용솟음치는 희열(喜悅)을 만끽하며 '명랑한 현실'로 변한다. 바로 이것이 '삶의 명랑성'이다.